ELOGIOS PARA CÓ...
CUANDO TODO SE HA DESHECHO

En este libro nos encontramos con un tesoro escondido repleto de sabiduría bíblica práctica en cuanto a cómo reedificar cuando nuestro mundo se viene abajo. Descubrirás esperanza y ánimo en estas páginas cuando todo parece perdido. Permite que mi buen amigo Tom Holladay te guíe en el resurgimiento que Dios ha preparado para ti.

> Lee Strobel, autor *best seller* de
> *El caso de Cristo* y *El caso de la fe*

La vida puede resultar complicada, estresante y dolorosa. Por esto, estoy muy entusiasmado por el nuevo libro de Tom Holladay *Cómo juntar las piezas cuando todo se ha deshecho*. Tom comparte con sinceridad la sabiduría aprendida a través de la tragedia y el quebrantamiento en su propia vida. Con gracia y compasión, utiliza las Escrituras, historias y enseñanzas prácticas para impartir esperanza y las herramientas para reconstruir después de que la vida se desmorona.

> Craig Groeschel, pastor de Life.Church y autor de
> *Dirección divina: 7 decisiones que cambiarán tu vida*

Con Dios en el panorama, nada está demasiado roto para no poder recomponerse. Aun así, la restauración de una vida, un matrimonio o una carrera no se produce de la nada. Dios puede proporcionar el poder y el plan, pero nosotros debemos obedecer. En *Cómo juntar las piezas cuando todo se ha deshecho*, Tom Holladay señala siete pasos hacia la restauración que se encuentran en la historia contundente del héroe bíblico Nehemías. Este es un libro que te animo a leer.

> Larry Osborne, pastor y autor,
> North Coast Church, California

No hay nada más abrumador que procurar hallar esperanza tras experimentar una gran pérdida. En *Cómo juntar las piezas cuando todo se ha deshecho*, Tom Holladay presenta una tremenda explosión de esperanza y una guía bíblica práctica para la restauración tras la pérdida. Agradecemos profundamente este libro y la intención que lo motiva.

Kerry y Chris Shook, coautores del *best seller Un mes para vivir* y pastores fundadores de Woodlands Church

Cuando tu vida parece que se está resquebrajando, ¿dónde se halla la verdad que nos vuelve a reparar? Vez tras vez, la hallamos en las Escrituras, y Tom Holladay desvela esa verdad de manera que nos encontramos con los pasos prácticos provistos por Dios. Lee este libro. Guiará tu corazón y te desafiará a recoger esos pedazos rotos de tu vida y comenzar a juntarlos de nuevo —con la ayuda de Dios.

Kyle Idleman, autor de *No soy fan* y *Su gracia es mayor*

Tom Holladay sabe que no tenemos que experimentar un desastre natural que nos haga sentir que nuestra vida se ha desmoronado. En *Cómo juntar las piezas cuando todo se ha deshecho*, comparte cómo mantener nuestra fe y nuestra confianza en Dios mientras reconstruimos nuestra vida y comenzamos de nuevo. Tom extrae sabiduría y perspectiva renovadora del libro de Nehemías, y nos inspira a aceptar las bendiciones inesperadas que resultan a través de las pérdidas insoportables.

Chris Hodges, pastor principal, Church of the Highlands, y autor de *Fresh Air* y *The Daniel Dilemma*

Tom Holladay comparte ideas prácticas y brillantes en cuanto a cómo comenzar de nuevo, sanar y avanzar en la fe. Proporciona herramientas profundas para reconstruir una vida firme —sobre un fundamento que perdura. Este es un libro increíble para leer e implementar un tu vida.

Jud Wilhite, pastor principal, Central Church, y autor de *Pursued*

La fortaleza de Tom Holladay ha sido forjada por una vida de luchas. Con este libro formidable, establece siete pasos para encontrar fortaleza en medio de la lucha. El primer paso es encontrar la fortaleza para comenzar. Mi oración es que apartes el tiempo para leer este libro. El conocimiento relevante que ofrece, basado en la Biblia, podrá aplicarse a cualquier desafío que invada tu vida. Dios puede usar este libro para reconstruir cualquier aspecto de tu vida que se halla deshecho.

Matt Brown, pastor principal de Sandals Church

Hay solo dos tipos de personas: esas cuyas vidas están quebrantadas y esas otras cuyas vidas se quebrantarán. Me he encontrado en esa situación y deseo que dispongas de este recurso lleno de esperanza. Tom Holladay ha escrito con este su libro más importante, desde su propia experiencia personal. No solo te alegrarás al leerlo, sino que también pensarás en otras personas que deben leerlo.

Gene Appel, pastor principal, Eastside Christian
Church, Anaheim, California

Cuando te enfrentas a una crisis, puede resultar difícil saber qué hacer y dónde comenzar. Tom Holladay entrelaza la historia de Nehemías con sus propias experiencias, para ayudarte a superar tus circunstancias difíciles y encontrar esperanza.

Greg Surratt, pastor fundador de Seacoast Church y
president de ARC (Asociación de Iglesias Relacionadas)

Como miembros de la Iglesia de Saddleback, mi familia ha recibido los beneficios de las enseñanzas del pastor Tom, y considero este libro lo mejor de Tom Holladay. Esta obra te dará las fuerzas para seguir adelante, el deseo de continuar creyendo y un corazón que puede superar cualquier obstáculo. Créeme, necesitas leer este libro.

Johnnie Moore, autor de *The Martyrs Oath*, fundador de The
KAIROS Company, y recipiente de la «medalla del valor»
del Simon Wiesenthal Center del 2017

Este libro es de lectura obligada para cualquiera que haya o esté pasando por cualquier tipo de dolor o lucha personal. Admitámoslo, esto nos describe a todos. Me encanta la forma en la que Tom Holladay utiliza las Escrituras y anécdotas reales para compartir el plan de Dios, las victorias y la sanidad. El capítulo quinto es mi favorito, «Construye a partir de tus éxitos».

John Baker, fundador de Celebrate Recovery

La esperanza es escasa en estos días. Tom Holladay nos muestra cómo recuperarla en nuestras vidas cuando la necesitamos más. *Cómo juntar las piezas cuando todo se ha deshecho* es más que una buena idea para reconstruir tu vida, proporciona unos pasos prácticos contundentes para poder hacerlo. Todos queremos hacer cambios en nuestra vida, pero en este libro, Tom nos muestra cómo hacerlos realmente.

Tim Harlow, pastor principal de Parkview Christian Church, Orland Park, Illinois

Tom Holladay demuestra en este libro que conoce a Jesús, la Palabra de Dios y los anhelos de las personas para las que el mundo se ha trastornado. Si tú o alguien que conoces han experimentado desilusión (y quién no), entonces este libro te proporcionará las respuestas, esperanza y sanidad. Resulta fácil de leer, y está lleno de ilustraciones y situaciones con las que te identificarás. Es realmente un libro que querrás pasar a tus amigos.

Doug Fields, autor, pastor, orador

CÓMO JUNTAR LAS PIEZAS

CUANDO TODO SE HA DESHECHO

CÓMO JUNTAR LAS PIEZAS

CUANDO TODO SE HA DESHECHO

7 principios para **reconstruir tu vida**

TOM HOLLADAY

La misión de Editorial Vida es ser la compañía líder en satisfacer las necesidades de las personas con recursos cuyo contenido glorifique al Señor Jesucristo y promueva principios bíblicos.

Cómo juntar las piezas cuando todo se ha deshecho
Edición en español publicada por
Editorial Vida – 2018
Nashville, Tennessee.

© 2018 Editorial Vida
Este título también está disponible en formato electrónico.

Originally published in the U.S.A. under the title:
Putting It Together Again When Everything Has Fallen Apart
Copyright © 2018 por Tom Holladay
Published by permission of Zondervan, Grand Rapids, Michigan 49530.
All rights reserved.
Further reproduction or distribution is prohibited.

Editora en Jefe: *Graciela Lelli*
Traducción: *Santiago Ochoa*
Adaptación del diseño al español: *Mauricio Diaz*

ISBN: 978-0-8297-6825-1

CATEGORÍA: Religión / Vida cristiana / Crecimiento espiritual

IMPRESO EN ESTADOS UNIDOS DE AMÉRICA
PRINTED IN THE UNITED STATES OF AMERICA

18 19 20 21 22 LSCC 9 8 7 6 5 4 3 2 1

CONTENIDO

PREFACIO

Como padre y, ahora, abuelo he construido cientos de figuras LEGO con mis hijos y mis nietos. De hecho, dos terceras partes de nuestro garaje está ocupado por figuras LEGO de todo tipo: castillos medievales, Star Wars, el salvaje oeste, piratas y ciudades modernas. He invertido cientos de horas construyendo con piezas de LEGO con mis nietos y he notado muchos paralelos con construir una vida sólida. Incluso, escribí una lista de «Lecciones para la vida basadas en los juguetes LEGO».

Recientemente estaba trasladando una torre de LEGO de casi un metro a otro lugar. Representaba días de trabajo y fui con mucho cuidado al moverla. Pero de repente, perdí el equilibrio e incliné la torre a un lado. ¡La gravedad se hizo cargo del resto! Había un punto débil en la figura, el edificio se retorció, y todo se derrumbó sobre el piso en cientos de piezas, excepto la base que yo seguía manteniendo sobre mis manos. Se me cayó el alma.

Había completado antes proyectos que se me derrumbaron, por eso había aprendido una lección: *Resulta más difícil reconstruir algo que está dañado que construir algo nuevo recién salido de la caja, con todas sus piezas ya contadas y divididas en bolsas.*

¡Sí, es difícil, pero *no* imposible! Por tanto, sabía qué hacer. Recogí las piezas, me volví a comprometer en mi propósito y comencé pacientemente a juntar las piezas de nuevo con determinación.

Esta podría ser una metáfora de lo que estás experimentando con este libro. Tu vida puede parecer solo un barullo de ladrillos causado por algún tipo de terremoto en tu vida, y no estás seguro si tienes la energía o la motivación suficiente para comenzar a juntar y unir cada uno otra vez.

Pues bien, como pastor por más de cuarenta años, permíteme animarte con cuatro aspectos en cuanto a comenzar de nuevo:

Primero, todos tenemos cosas en nuestra vida que se desmoronan. *Todos*. Todos hemos sido quebrantados por algo. Y habiendo aconsejado a muchas personas exitosas, puedo decirte que las personas que aparentan tenerlo todo bajo control por fuera son las que a menudo se están desmoronando más en el interior.

Segundo, las historias heroicas que más nos gustan son esas sobre el *resurgimiento*. Admiramos a las personas que se levantan, con estoicismo, y siguen adelante. ¿Te has dado cuenta alguna vez de que no se puede producir un *resurgimiento* sin que se produzca un *contratiempo* primero? No hay héroe si no hay dificultad. Es la lucha la que te hará fuerte. El fracaso es el camino al éxito —*si* eres lo suficiente humilde para aprender la lección. Este libro está repleto de lecciones que necesitarás.

Tres, cuando las cosas se deshacen, una de las razones por las que las personas se sienten abrumadas y paralizadas es por todos *los escombros*. Los escombros son toda la basura, banalidades y desorden que acumulamos durante nuestra vida. Tenemos que limpiar parte de esos escombros antes de que podamos reconstruir. Es parte del proceso.

Finalmente, para poder recuperarte, tendrás que tomar unas decisiones personales difíciles, pero no tendrás que tomarlas solo. Dios y otros, particularmente esos de la familia de la iglesia, podrán ayudarte con sabiduría, perspectiva y ánimo. Lo más importante en la reconstrucción y la recuperación *no* es cuánto dinero, educación o talento tengas. Lo que realmente importa son las decisiones que tomas basadas en los principios que has aprendido. En este libro, mi

Prefacio

querido hermano, copastor y amigo Tom Holladay establece estos principios con claridad y compasión.

¡Este libro es una mina de sabiduría! Si pudiera daría una copia a todo el mundo porque todos hemos pasado por situaciones que parecían desesperadas. Por tanto, ¡Enhorabuena! por escoger este libro, has tomado un gran paso hacia el nuevo tu.

Permíteme animarte a hacer cuatro cosas con este libro:

1. **Léelo con calma.** ¡No te apresures por llegar al final! Deberás otorgar a Dios suficiente tiempo para llevarte por el proceso de reconstrucción. Todos desean recuperarse *inmediatamente*. Nos interesa más la *velocidad* de la recuperación, mientras que Dios se interesa en la firmeza de tu fundamento para que lo que edifiques sea estable y permanente. Él no quiere que te derrumbes fácilmente.

2. **Sigue los pasos prácticos que se sugieren al final de cada capítulo.** En muchos aspectos, estas son las páginas más importantes del libro. Jesús nos recuerda al final del Sermón del Monte que son los que *ponen en práctica sus palabras* los que edifican sobre un fundamento de roca sólida (Mateo 7.27).

3. **Lee el libro con otros.** Necesitarás apoyo cuando reconstruyas para que no te desanimes. No debes hacerlo solo. Júntate con una o dos personas para leer el libro, y utiliza las preguntas al final del libro como una guía para la discusión.

4. **¡Lee este libro sabiendo que Dios es tu fuente de ESPERANZA en que puedes confiar!** Romanos 15.13 dice: «Que el Dios de la esperanza los llene de toda alegría y paz a ustedes que creen en él, para que rebosen

de esperanza por el poder del Espíritu Santo». ¡Con Dios siempre hay esperanza!

La mayor parte de mi vida la he pasado en la costa de California. Cuando la marea baja en la playa, se pueden ver muchas cosas desagradables. Puedes ver pedazos de madera, basura, rocas y algas marinas que han sido arrastrados a la orilla. Hay mucho desecho cuando la marea baja. Pero eventualmente, la marea *siempre regresa*.

La marea puede que haya bajado en tu vida ahora, y por lo que estás pasando no es agradable ni tiene prospecto. ¡Pero este no es el final de tu historia! La marea siempre regresa. Jeremías 29.11 dice: «Porque yo sé muy bien los planes que tengo para ustedes —afirma el SEÑOR—, planes de bienestar y no de calamidad, a fin de darles un futuro y una esperanza». Por esto, te insto a comenzar esta travesía con una esperanza renovada, anticipando la ayuda de Dios. Oraré por ti mientras lees este libro. Pediré a Dios que haga del *resto* de tu vida lo *mejor* de tu vida. ¡Que el Señor te bendiga!

Rick Warren, autor de *Una vida con propósito*,
Iglesia de Saddleback

Capítulo 1

ENCUENTRA LA FORTALEZA PARA COMENZAR

Por dónde empezar cuando no podemos encontrar la fortaleza para comenzar

Cuanto más débiles nos sentimos, más nos apoyamos. Y cuanto más nos apoyamos, más fuertes nos hacemos.

Joni Eareckson Tada

Fe es creer en lo que no se ve; y la recompensa es ver lo que uno cree.

Agustín de Hipona

Hermanos míos, considérense muy dichosos cuando tengan que enfrentarse con diversas pruebas, pues ya saben que la prueba de su fe produce constancia.

Santiago 1.2, 3

Era el veinte de febrero de 1986, en Marysville, California, donde yo había sido pastor en la pequeña congregación de la Iglesia Bautista Feather River durante cinco años. Mi esposa, Chaundel, acababa de terminar de limpiar nuestra casa para una reunión ministerial de mujeres, por lo que decidí invitarla a Carl's Jr. y tener una experiencia culinaria de calidad. Mientras cruzábamos el puente hacia la ciudad, notamos que el caudal del río se elevaba hasta la parte superior de los diques. Una cálida lluvia de invierno había azotado las montañas cercanas de Sierra Nevada, derritiendo gran parte de la capa de nieve y aumentando el nivel de los lagos y ríos a su máxima capacidad.

Después de pedir la comida y sentarnos a comer en el restaurante, vimos que la gente se levantaba y salía a toda prisa a preguntar en el mostrador qué estaba sucediendo.

—Se rompió un dique —nos dijeron—, pero no deberían preocuparse porque está al otro lado del río.

Claro que nos preocupamos —dijimos—. Vivimos en ese lado del río.

El agua se precipitó a través del dique roto y destruyó el centro comercial y los negocios que estaban más cerca de la grieta. Luego, inundó todo lo que estaba en su camino mientras se propagaba por toda la ciudad.

Nuestra casa, los edificios de nuestra iglesia y muchos de los hogares de sus miembros quedaron destruidos bajo tres metros de agua en algunos casos. Nunca es bueno ver tu casa en el informe principal del noticiero nocturno de NBC. Lo único que nos quedó a Chaundel y a mí fue la ropa que teníamos puesta y el auto que estábamos conduciendo. ¡Condujimos nuestro Chevy hacia el dique, y este estaba seco!

Es más fácil tener una perspectiva muchos años después, pero aún puedo recordar mis manos temblando con la reacción de la adrenalina a una circunstancia que lo cambió todo de inmediato. Teníamos por delante la labor de reconstruir nuestra casa. Y teníamos la labor más difícil de dirigir una iglesia en la que todas las personas necesitaban reconstruir.

La gente nos preguntó si íbamos a cerrar la iglesia porque el edificio había quedado destruido. ¡Por supuesto que no! La iglesia no es un edificio, es la gente y, afortunadamente, nadie había muerto en esta inundación que destruyó tantas propiedades.

Mientras pensaba en lo que diría para animar a estas personas amadas a medida que comenzaban a reconstruir, mi mente se dirigió a las Escrituras. La Biblia es la carta de amor de Dios para nosotros, y nos muestra cómo enfrentar lo mejor y lo peor de la vida. Recordé un libro en la Biblia que consiste enteramente en recomponer algo: el libro de Nehemías. Nehemías era un líder del gobierno que reconstruyó la muralla de Jerusalén después de que quedara en ruinas.

Mientras leía este libro de nuevo señalando con detalle sus enseñanzas sobre cómo recomponer las cosas, me sorprendí por los principios tan claramente ejemplificados por Nehemías. A medida que estos principios comenzaron a desplegarse, me encontré con Nehemías 2.20, un estímulo para todos los que necesitan reconstruir. En ese versículo, Nehemías dice: «El Dios del cielo nos concederá salir adelante. Nosotros, sus siervos, vamos a comenzar la reconstrucción». Este versículo se convirtió en nuestro tema para los próximos años.

Si vamos a recomponer algo, necesitamos saber cómo encajar las piezas. Si vamos a reconstruir, debemos tener el plan adecuado, así como necesitamos planos para construir en primer lugar. Me percaté de que el libro de Nehemías está lleno de principios acerca de cómo recomponer las cosas de una manera que funcione, y de cómo reconstruir de una manera que dure.

A medida que he enseñado estos principios de reconstrucción en los años posteriores, he visto a personas en una gran variedad de circunstancias encontrar ayuda. No tienes que sufrir un desastre natural para tener necesidad de reconstruir. Para ti, recomponer algo puede significar comenzar de nuevo en una carrera o en una relación. También podría implicar la necesidad de recuperarte financieramente, terminar un proyecto que se está prolongando, restaurar la confianza, renovar la visión, o enfrentar alguna tarea desagradable.

Es muy probable que este tipo de cambio te parezca imposible en este instante. Las cosas ya son muy desagradables para que haya una esperanza de restauración. ¡Veremos que Nehemías tuvo que eliminar un montón de escombros antes de poder empezar a reconstruir la muralla! Para aprender de su ejemplo, recorreremos un proceso que muestra cómo conocer las posibilidades a partir de los escombros.

¿Cómo reconstruir lo que está en ruinas? He hablado con muchas personas que se han enfrentado a circunstancias muy difíciles, y he visto que el drenaje de energía emocional derivado de las labores de reconstrucción a menudo las ha llevado a un lugar de apatía. Ellas saben que *deberían* preocuparse por empezar de nuevo, pero simplemente no pueden encontrar fuerzas en su interior.

Lo que Nehemías nos enseña acerca de recomponer algo, te ayudará a ver por dónde empezar, incluso cuando no puedas encontrar fuerzas para comenzar. Si tuvieras la energía, ¡ya habrías empezado! Dios entiende eso, y él comenzará contigo allí donde estés.

Uno de los aspectos más enriquecedores de mirar el libro de Nehemías es el propio Nehemías. Era un hombre lleno de fe, el tipo de fe que actuaba y cambiaba la dirección de toda una nación. Su fe dio como resultado el coraje de salir, confiar en Dios por la oración y encontrar la dirección para el enfrentamiento cotidiano de problemas y oportunidades.

A lo largo de este libro, te daré varias oportunidades para que te detengas y ores. Se encuentran allí para refrescarte en cualquier proyecto de restauración que tengas por delante. Ya que estás en modo de lectura, sería fácil pasar por alto estas oraciones. Las mantendré cortas, de modo que puedas orar con facilidad. Lee simplemente las siguientes oraciones con una actitud de oración.

Padre, oro para que utilices las lecciones de fe en el libro de Nehemías con el fin de recomponer lo que necesito reconstruir en mi vida. Te pido esto en el nombre de Jesús. Amén.

DÓNDE COMIENZA

Encontrar la fortaleza para comenzar es el primer paso para recomponer algo. Esa fortaleza comienza con nuestra reacción al problema que estamos enfrentando. Nuestro mayor problema no es nuestro problema; es cómo reaccionamos a ese problema. Una de las claves para reconstruir es la forma en que vemos los problemas.

Nuestra reacción a un problema está determinada por la forma en que vemos ese problema. Si miramos un problema y pensamos: *Es un desastre; todo está perdido*, entonces nuestra reacción será la desesperación. Si miramos un problema y pensamos: *Es innecesario; eso no debería haber ocurrido*, entonces nuestra reacción será la irritación. Si miramos un problema y pensamos: *Es injusto*, entonces nuestra reacción será la ira. Si miramos un problema y pensamos: *Es merecido; me lo hice a mí mismo*, entonces nuestra reacción será la culpa o la vergüenza.

Hay una manera mejor. Podemos mirar cada problema y pensar: *Es una oportunidad para confiar en Dios*. Entonces nuestra reacción será la fe. Una reacción de fe a nuestros problemas cambiará radicalmente la dirección de nuestras vidas. Warren Wiersbe escribió: «El optimista ve posibilidades en los problemas, y el pesimista ve problemas en las oportunidades. Uno ve las posibilidades, y el otro los obstáculos. Pero el verdadero fundamento del optimismo es la fe... Si vemos solo los problemas, seremos derrotados; pero si vemos las posibilidades dentro de los problemas, podemos tener la victoria».[1]

Nehemías describe así el problema que estaba enfrentando: «Los que se libraron del destierro y se quedaron en la provincia están enfrentando una gran calamidad y humillación. La muralla de Jerusalén sigue derribada, con sus puertas consumidas por el fuego» (Nehemías 1.3). El problema era que el pueblo de Dios vivía en desgracia, y la causa del problema era que las murallas de Jerusalén estaban en ruinas.

En la época de Nehemías, las murallas de una ciudad no eran decorativas; eran su protección. Con las murallas en ruinas, cualquier enemigo podría atacar fácilmente. Las puertas de una ciudad eran más que una entrada; eran el lugar de reunión cívica, el lugar donde se reunían los tribunales y el gobierno. Sin sus puertas, la ciudad no tenía liderazgo.

---

1. Warren Wiersbe, *The Bumps Are What You Climb On: Encouragement for Difficult Days* (Grand Rapids: Revell, 2006), p. 125.

Mientras Nehemías afrontaba este problema, se enfrentó a la misma pregunta a la que todos nos enfrentamos: ¿Veré solo el problema, o veré la oportunidad de confiarle el problema a Dios? La Biblia muestra claramente que nuestros problemas deben ser vistos como oportunidades de Dios para la fe:

- «Hermanos míos, considérense muy dichosos cuando tengan que enfrentarse con diversas pruebas, pues ya saben que la prueba de su fe produce constancia». (Santiago 1.2, 3)
- «Pues los sufrimientos ligeros y efímeros que ahora padecemos producen una gloria eterna que vale muchísimo más que todo sufrimiento». (2 Corintios 4.17)
- «No solo en esto, sino también en nuestros sufrimientos, porque sabemos que el sufrimiento produce perseverancia; la perseverancia, entereza de carácter; la entereza de carácter, esperanza». (Romanos 5.3, 4)

La pregunta importante siempre es: ¿cómo hacemos esto? Nehemías ejemplifica algunos pasos prácticos que podemos dar para comenzar a reaccionar a los problemas de una nueva forma.

Reaccionar de una manera diferente es más que el simple hecho de saber que debemos pensar de cierta manera. Eso solo puede crear un sentimiento de culpa. Nos encontramos pensando: *Sé que debería tener más fe, pero no tengo más fe, y todo lo que puedo ver es el problema. ¿Qué me pasa?* Nehemías comparte algunas cosas prácticas que podemos hacer para salir de esa trampa del pensamiento cargado de culpa.

Vemos cómo Nehemías comenzó a pasar del impacto de un problema a una reacción de fe en Nehemías 1.4: «Al escuchar esto, me senté a llorar; hice duelo por algunos días, ayuné y oré al Dios del cielo».

Hay tres opciones en este versículo para comenzar a ver cualquier problema como una oportunidad para la fe: el duelo, el ayuno y la oración.

- El *duelo* es expresar tu daño a Dios.
- El *ayuno* es enfocar tu corazón en Dios.
- La *oración* es pedir ayuda a Dios.

Pasar a un lugar de fe no se logra simplemente moviendo un interruptor. Hay un proceso para comenzar a ver tu problema como una oportunidad para la fe que incluye el duelo, el ayuno y la oración. No puedes elegir la mayor parte de tus circunstancias, pero siempre puedes elegir tu reacción a esas circunstancias.

Cuando alguien te dice «simplemente ten fe», así sepas que ellos pueden tener tus mejores intereses en mente, puede sonar como un tópico inalcanzable. Si pudieras haber tenido fe, habrías tenido fe, ¡y las palabras te harán sentirte más culpable por no tener fe! Nehemías nos da un sitio para comenzar en el proceso que nos lleva al lugar de la fe cuando nos enfrentamos a una necesidad de reconstruir.

EL DUELO: Expresa tu daño a Dios

La reacción inmediata de Nehemías a la necesidad de restaurar las murallas fueron las lágrimas. Lloró por su ciudad; clamó por la ciudad de Dios.

En 587 A.C., Babilonia había atacado a Jerusalén y destruido sus murallas y el templo. Todos, salvo algunos de los habitantes de la parte meridional de Israel, fueron expulsados de su tierra y deportados a Babilonia, donde sufrieron en cautiverio.

Casi cincuenta años después, alrededor de 538, Persia derrotó a Babilonia, y Ciro, el rey de Persia, comenzó a enviar a algunas de estas personas a Israel. En su primer año como rey, envió a un grupo para reconstruir el templo.

Casi cien años más tarde, Nehemías, un exiliado de Israel que se había convertido en el copero de Artajerjes, el rey persa en aquel entonces, se enteró de que las murallas de Jerusalén todavía estaban en ruinas:

Llegó Jananí, uno de mis hermanos, junto con algunos hombres de Judá. Entonces les pregunté por el resto de los judíos que se habían librado del destierro, y por Jerusalén.

Ellos me respondieron: «Los que se libraron del destierro y se quedaron en la provincia están enfrentando una gran calamidad y humillación. La muralla de Jerusalén sigue derribada, con sus puertas consumidas por el fuego».

Al escuchar esto, me senté a llorar; hice duelo por algunos días, ayuné y oré al Dios del cielo.

<u>**Nehemías 1.2–4**</u>

Su primera reacción fue sentarse y llorar. Pero también tuvo una reacción continuada. Lloró por un período de algunos días. Solo se necesita un momento para llorar; se necesita tiempo para hacer duelo.

La palabra para «duelo» en lengua hebrea es *abal*. Transmite la idea de mostrar nuestra emoción, expresándola de manera audible y visible. Necesitamos modelos de cómo llorar, y se encuentran en todo el Antiguo Testamento:

- «Abraham hizo duelo [por Sara] y lloró por ella».
  (Génesis 23.2)
- «Y Jacob se rasgó las vestiduras y se vistió de luto, y por
  mucho tiempo hizo duelo por su hijo». (Génesis 37.34)
- «Llegaron hasta la era de Atad, que estaba al otro lado
  del Jordán, y allí tuvieron una lamentación grande y muy
  fuerte. José hizo duelo por su padre durante siete días».
  (Génesis 50.10, RVA2015)
- «Y cuando el pueblo se enteró de que Aarón había muerto, lo
  lloró treinta días». (Números 20.29)
- «Durante treinta días los israelitas lloraron a Moisés en
  las llanuras de Moab, guardando así el tiempo de luto
  acostumbrado». (Deuteronomio 34.8)
- «Mardoqueo supo todo lo que se había hecho. Entonces
  Mardoqueo rasgó sus vestiduras, se vistió de cilicio y
  de ceniza, y se fue por la ciudad gritando con fuerza y
  amargura». (Ester 4.1, RVA2015)
- «En aquella ocasión yo, Daniel, pasé tres semanas como si
  estuviera de luto». (Daniel 10.2)

Doy estos ejemplos porque necesitamos algunos modelos nuevos sobre la manera en que guardamos duelo. Nuestra cultura no es buena para el duelo, y sé que, como producto de esa cultura, no soy bueno para hacer duelo. Quiero hacerlo con demasiada rapidez y demasiada pureza. Quiero volver a trabajar como una forma de calmar el dolor en lugar de tomarme el tiempo para hacer duelo a fin de comenzar a curar el dolor.

El luto en estos ejemplos no está oculto; es ruidoso. Cubrirse con cilicio hizo evidente a todos que estaban afligidos. Su duelo no era hermoso. Mardoqueo, del libro de Ester, es un mentor para todos los dolientes. Al igual que Nehemías, vio lo que comenzó con el duelo para salvar a una nación. Su duelo no era majestuoso, pero era honesto. Llegó con la textura áspera de vestir cilicio y las rayas negras de lágrimas amargas que corrían a través de las cenizas que le cubrían la cara.

Es posible ver ejemplos en el Antiguo Testamento de duelos que duraron siete días (Génesis 50.10), treinta días (Números 20.29), e incluso setenta días (Génesis 50.3, 4). Hacer duelo toma un tiempo. No puedes hacerlo en un instante.

¿Hay un dolor o una pérdida para los que nunca hayas sacado el tiempo del duelo? Puedes haber hecho frente a este daño hace muchos años, o podrías haberle hecho frente ahora mismo. Están los enormes dolores de la vida y los dolores del día a día, y con ambos, necesitas sacar tiempo para hacer duelo.

¿Has sacado el tiempo para hacer duelo por la pérdida de esa relación importante? ¿O te escondes del dolor en medio de tu prisa?

Puedes estar envejeciendo y no tener la energía física que solías tener. ¿Has sacado el tiempo para hacer duelo por esa pérdida? ¿O acaso estás un poco irritado todo el tiempo por eso?

He aquí por qué esto es tan importante: *Si no sacas el tiempo para hacer duelo, no puedes ver la oportunidad en el problema, porque nunca verás más allá del dolor.* ¿Qué es lo que necesitas para sacar el tiempo para hacer duelo?

Pero eso me pondrá triste, pensamos. La tristeza no es algo malo. Hay algunas cosas en la vida que necesitan un duelo. Nuestra cultura de negación dice que la tristeza siempre es mala, pero eso simplemente no es verdad. De hecho, la tristeza del duelo trae uno de los mayores dones de Dios a nuestras vidas.

Recientemente estaba preparando un mensaje fúnebre para una familia que había perdido a su joven madre en circunstancias dolorosas, y estaba buscando en mi mente cómo expresar la esperanza de Dios para ellos. Mientras pensaba qué decir, sentí que Dios me insistía en no hablarles de esperanza, sino en invitarlos a llorar. Jesús nos enseñó: «Dichosos los que lloran, porque serán consolados» (Mateo 5.4). Nuestro duelo trae el don del consuelo de Dios, un don que a menudo solo llega a través de nuestro duelo. Al no sacar el tiempo para hacer duelo, estamos perdiendo el consuelo que quiere darnos nuestro Padre.

Una de las cosas más importantes de aprender sobre el duelo es que todos nos lamentamos de diferentes maneras. Algunos necesitan hablar; algunos necesitan estar callados. Algunos tienen una avalancha de lágrimas; otros sienten una falta de emotividad. He aprendido que nuestro dolor es una de las cosas más individuales que tenemos. El dolor es como tu huella digital, única para cada uno de nosotros.

Algunos que no entienden esto son reacios a hacer duelo porque se sienten presionados a hacerlo como los demás, de una manera que no se ajusta a su personalidad única. Déjame decir claramente que no te estoy diciendo cómo hacer duelo; simplemente te estoy animando a *sacar el tiempo* para hacer duelo de una manera que se adapte a ti.

El duelo expresa un pesar sincero por lo que se ha perdido. Ver la oportunidad en cualquier problema comienza por ser capaz de decir que hay un problema. Hay una forma de negación cristiana que quiere saltarse este paso. Algunos cristianos pretenden que debido a que Dios obra al interior de sus problemas, no hay pérdida en ellos. Es un atajo que hace cortocircuito con el trabajo que Dios necesita llevar a cabo en nuestras almas si verdaderamente queremos reconstruir.

En el kintsugi, la modalidad artística japonesa, una vasija rota se repara con pegamento que contiene polvo de oro. El resultado son vetas de oro allí donde el jarrón se ha vuelto a juntar. Es cierto que el jarrón se ha roto, pero ahora tiene una belleza que no tenía antes. A menudo tiene un valor aún mayor que el que tenía antes.

Es tentador decir que esto demuestra que cuando algo se ha roto, ahora es mejor por ello. No se trata de «mejor» o «peor»; se trata de trabajar con la realidad de algo que se ha roto. Pensar «mejor» o «peor» puede ser nuestro mayor enemigo cuando estamos tratando de recomponer algo.

Esto se debe a que todos sabemos en el fondo que habría sido mejor si no se hubiera roto en primer lugar. Si esa cosa horrible no hubiera ocurrido. Si esas palabras no se hubieran dicho. Si solo hubiéramos hecho algo diferente. Lo último en este pensamiento «mejor» o «peor» es que hubiera sido mejor si Adán y Eva no hubieran pecado en el jardín. Pero ellos pecaron, como lo haría cualquiera de nosotros. Y por eso vivimos en un mundo roto.

En lugar de perseguir la falsa imagen de que es mejor estar roto, deja que el kintsugi ilustre la verdad de que Dios es un maestro artesano en trabajar con lo que está roto. Abraza la realidad revelada en 2 Corintios 4.7 de que somos vasijas de barro: «Pero tenemos este tesoro en vasijas de barro para que se vea que tan sublime poder viene de Dios y no de nosotros».

Dios nos invita a concentrarnos no en la vasija de barro, sino en lo que ha puesto en ella. Sí, la vasija es frágil y se rompe fácilmente. Y sí, Dios ha derramado su amor y gracia en esa misma vasija. A medida que veamos esta verdad cada vez más, veremos que estamos confiando menos en la necesidad de convencernos de que «es realmente mejor de esta manera» y más en el poder de Dios que está obrando, sin importar qué giros y vueltas hayan dado nuestras vidas.

AYUNAR: Enfoca tu corazón en Dios

Nehemías nos enseña a ayunar para ayudarnos a enfocar nuestra atención en Dios mientras consideramos nuestra necesidad de recomponer algo. La idea de ayunar puede ser desconocida para ti. Echemos un vistazo a la Biblia para ver lo que nos enseña sobre el ayuno.

En las Escrituras, el ayuno siempre está acompañado por la oración. Dos ejemplos entre muchos son el de Ana en la historia de la Navidad y la iglesia primitiva en Antioquía.

> Y luego [Ana] permaneció viuda hasta la edad de ochenta y cuatro. Nunca salía del templo, sino que día y noche adoraba a Dios con ayunos y oraciones.
>
> **Lucas 2.37**

> [Pablo y Bernabé] en cada iglesia nombraron ancianos y, con oración y ayuno, los encomendaron al Señor, en quien habían creído.
>
> **Hechos 14.23**

La actitud detrás del ayuno es la humildad. Esdras conduce al pueblo a ayunar «a fin de humillarnos en presencia de nuestro Dios» (Esdras 8.21). Jesús nos advierte en el Sermón del Monte sobre el ayuno para impresionar a otros: «Cuídense de no hacer sus obras de justicia delante de la gente para llamar la atención. Si actúan así, su Padre que está en el cielo no les dará ninguna recompensa» (Mateo 6.1). No te apresures a llamar la atención de los demás; ayuna para llamar la atención de Dios.

Las personas ayunaban por razones diferentes: a veces para expresar aflicción (2 Samuel 1.11), a veces para expresar arrepentimiento (Jonás 3.4, 5; Daniel 9.3–6), a veces para pedir sinceramente la ayuda de Dios (2 Crónicas 20.2–4), y a veces como una expresión de adoración y de compañerismo con Dios (Lucas 2.36, 37; Hechos 13.1, 2).

La lectura de estos versículos muestra que ayunar no es solo un cambio en la dieta; es un cambio en la actividad que provoca un cambio en el corazón. El valor del ayuno no se encuentra en lo que *no estamos* haciendo, es decir, comer; se encuentra en lo que estamos haciendo, es decir, centrarnos en Dios.

El propósito del ayuno no es la abnegación. De hecho, concentrarnos meramente en negarnos a nosotros mismos comida o bebida no tiene ningún beneficio espiritual y a menudo resulta en el orgullo: «Tienen sin duda apariencia de sabiduría, con su afectada piedad, falsa humildad y severo trato del cuerpo, pero de nada sirven frente a los apetitos de la naturaleza pecaminosa» (Colosenses 2.23).

El valor del ayuno es que abre espacio para centrarse en Dios. Si no centras tu atención en Dios, te encontrarás estrechando o empañando el panorama. Reduces el panorama cuando todo lo que ves es el problema. Centrarte en Dios te ayuda a ver su grandeza cuando enfrentas la necesidad de reconstruir. Empañas el panorama cuando te abrumas tanto que tratas de escapar del problema o vives en la negación de que hay un problema. Hay un montón de gente ocupada tratando de escapar de los problemas. Enfocar tu atención en Dios te da la fuerza espiritual para enfrentar la realidad de la dificultad.

No basta simplemente con querer centrarnos más en Dios. Necesitamos hacer algo práctico que cambie nuestro enfoque. Las personas no somos como las cámaras; ¡no tenemos autoenfoque! Debemos enfocarnos deliberadamente, y el ayuno nos ayuda a hacerlo. El ayuno es un cambio deliberado de perspectiva cuando nos enfocamos en Dios.

Este es un lugar simple para comenzar: ensaya con ayunar una comida. ¡Si nunca desayunas, eso no cuenta! Toma una comida que comas generalmente y utiliza ese tiempo para centrar tu atención en Dios. Por ejemplo, sáltate un almuerzo y saca treinta minutos o una hora para concentrar tu atención en Dios con ese dolor que has estado enfrentando. Si tienes problemas alimentarios, consulta primero con tu médico.

ORACIÓN: Pide la ayuda de Dios

Para reaccionar a un problema de una manera que te ayude a ver la oportunidad de la fe, guarda duelo, ayuna y luego ora.

Es importante señalar que la oración es lo tercero que hace Nehemías. Antes de orar, saca tiempo para hacer duelo y ayunar. Él saca un tiempo para expresar su corazón y experimentar la presencia de Dios antes de comenzar a orar.

Si sientes que no tienes nada que decir cuando comiences a orar, lo mejor que puedes hacer es no decir nada. Siéntate en presencia de Dios y lamenta la pérdida en silencio. Eso te conducirá a un lugar en donde puedas orar.

¡Qué oración eleva Nehemías! Él nos da un modelo de cuatro formas específicas de orar que nos ayudarán a reconocer las oportunidades de Dios para la fe en medio de nuestros problemas. Estamos dejando que Nehemías nos guíe a través de lo que debemos hacer en el proceso de reconstrucción, así que te aliento a elevar estas oraciones mientras las lees.

La oración que nos fortalece para ver la oportunidad de la fe a medida que reconstruimos comienza con reconocer quién es Dios:

«SEÑOR, Dios del cielo, grande y temible, que cumples el pacto y eres fiel con los que te aman y obedecen tus mandamientos, te suplico que me prestes atención, que fijes tus ojos en este siervo tuyo que día y noche ora en favor de tu pueblo Israel».

Nehemías 1.5, 6

Nehemías ora a Dios como «el Dios grande y temible». Reconoce que Dios es todopoderoso cuando ores, especialmente en medio de un problema.

Luego él ora: «Que guarda su pacto de amor». Dios es todopoderoso, y también es fiel. Podemos contar con él para cumplir sus promesas. Dios nunca nos prometió ningún problema en este mundo; prometió todo lo contrario. Él nos dice que enfrentaremos pruebas. Dios promete esperanza en medio de los problemas. Dios ha prometido liberarnos un día de todos nuestros problemas.

A continuación, él ora: «estén atentos tus oídos y abiertos tus ojos». Dios es consciente de tu necesidad. Sus ojos están muy abiertos. Sus oídos siempre están atentos. Él sabe exactamente por lo que estás pasando. Cuando te acuerdas de esto en la oración, te estás acordando de la verdad de quién es Dios.

Alrededor de una semana después de la inundación que destruyó nuestra iglesia y nuestros hogares, unas pocas docenas de miembros de nuestra pequeña iglesia se reunieron para orar en la casa de Mary Lou. Sería nuestra primera reunión juntos como iglesia después de la dispersión y confusión de la inundación. Aunque yo estaría dirigiendo la reunión de oración, honestamente no sabía qué esperar.

Mi temor era que nuestra ansiedad ante las circunstancias abrumara nuestros débiles intentos de oración. En lugar de eso, a medida que manifestamos silenciosamente nuestra confianza en la bondad y la lealtad de Dios, sentimos que la fe era fortalecida de maneras que solo puedo describir como milagrosas. Salimos de esa habitación con las mismas circunstancias que cuando entramos, pero con nuestra fe elevándose a alturas que nos sostuvieron durante la reconstrucción.

¡Si cada reunión de oración fuera así! Para cada experiencia como esta, puedo contar decenas y decenas en las que oramos con lealtad, pero sentimos muy poca fuerza nueva mientras elevábamos esas oraciones. He llegado a ver que incluso en aquellos momentos en los que no podemos sentir el poder de la oración, esta funciona con el mismo poder.

Cuando nos centramos en el carácter y la grandeza de Dios en lugar de recitar simplemente nuestras preocupaciones, a menudo encontraremos nuevas fuerzas que llegan en el momento de nuestras oraciones.

El hecho de que podamos o no sentir una explosión emocional de fuerza al momento de la oración a menudo tiene poco que ver con la verdadera fuerza que Dios nos da a la hora o al día siguiente en el momento de necesidad.

La oración que te ayuda a ver la oportunidad de la fe mientras enfrentas un problema por primera vez reconoce quién es Dios. En segundo lugar, *reconoce quién eres tú*. Nehemías ora: «Confieso que los israelitas, entre los cuales estamos incluidos mi familia y yo, hemos pecado contra ti. Te hemos ofendido y nos hemos corrompido mucho; hemos desobedecido los mandamientos, preceptos y decretos que tú mismo diste a tu siervo Moisés» (Nehemías 1.6, 7).

Nehemías es abierto con Dios acerca de los pecados no solo de la nación, sino también de sí mismo y de su familia. Los problemas existen en este mundo *no* por quién es Dios, sino porque confiamos en nosotros mismos en lugar de Dios. Comenzó a través de Adán y Eva en el Jardín del Edén, y aún hoy seguimos llevando esos problemas a la vida.

Nuestro pecado nos hace sentir vergüenza por los problemas que sabemos que son nuestra culpa, y nos hace tener un espíritu de culpa por los problemas que consideramos que son culpa de otra persona. Admitir esa verdad dolorosamente obvia es a menudo la clave para superar el problema y llegar a un lugar donde podemos tener fe.

Todos tenemos un egoísmo pecaminoso en nuestras vidas. A veces lo vemos, y a veces no. Es refrescante sentarse en presencia de Dios y decir: «Conozco una parte del egoísmo que hay en mi vida, pero también sé que hay mucha que no veo. Confieso lo que sé, y te agradezco por amarme». Esto tiene el poder de llevarnos de un lugar de vergüenza o de culpa a un lugar de fe. Nos lleva de centrarnos en lo que merecemos a centrarnos en la gracia inmerecida de Dios.

Tercero, si quieres tener fe en medio de tus problemas, debes *invocar las promesas de Dios*. Nehemías ofrece esta oración:

> «Recuerda, te suplico, lo que le dijiste a tu siervo Moisés: "Si ustedes pecan, yo los dispersaré entre las naciones: pero, si se vuelven a mí, y obedecen y ponen en práctica mis mandamientos, aunque hayan sido llevados al lugar más apartado del mundo los recogeré y los haré volver al lugar donde he decidido habitar".
>
> Ellos son tus siervos y tu pueblo al cual redimiste con gran despliegue de fuerza y poder».

Nehemías 1.8–10

Nehemías encontró una promesa específica para su situación en el Antiguo Testamento, y la expresó mientras oraba. Recordó con Dios la promesa de que, si el pueblo fuera exiliado, Dios lo reuniría solo si regresaba a él.

En vez de buscar esperanza en sus circunstancias, Nehemías buscó esperanza en las promesas de Dios. No puedes depender de tus circunstancias. Tal vez parezca que puedes hacerlo cuando tus circunstancias son buenas, pero luego se volverán contra ti. A menudo me he beneficiado de lo que escribió David Henderson sobre las circunstancias:

Si hubiera una formación policial de todo lo que alguna vez había arrebatado la esperanza a alguien, sin duda el culpable más señalado sería esa amenaza repugnante llamada Circunstancia. *Circumstantia* significa «estar por ahí». La palabra se refiere a esos eventos y personas que se agolpan a nuestro alrededor, vagando por los pasillos de nuestras vidas y bloqueando la vista por la ventana hacia la realidad más amplia que está más allá...

Cuando las circunstancias positivas nos rodean, estamos tentados a depositar nuestra esperanza en ellas, no en el Señor. El mercado de valores sube, y nuestra cartera crece. Cruzamos de puntillas en medio de algunas circunstancias difíciles y salimos ilesos... Qué tentador es creer que circunstancias como estas son lo suficientemente sólidas como para soportar el peso de nuestra confianza, de nuestra identidad o de nuestro futuro...

Las circunstancias negativas son igualmente capaces de apartar nuestra visión de las realidades más profundas. Cuando la enfermedad golpea, no podemos ver más allá del dolor. El dolor bloquea la vista cuando un ser querido muere, la vergüenza nubla nuestra visión cuando somos despedidos de un trabajo, el cansancio y el resentimiento se interponen en nuestro camino cuando cuidamos a un padre envejecido, y la soledad agita la ventana cuando un compromiso se trunca...

La desesperación llega cuando creemos lo que nos dicen nuestros ojos: que cuando las circunstancias difíciles juegan su mano, el juego ha terminado; no hay carta triunfal, no hay otra mano que jugar. Aferrarse a la esperanza significa no estar dispuesto a dejar que las circunstancias tengan la última palabra. La desesperación dice que las circunstancias nos dicen lo que es verdadero acerca de Dios. La esperanza señala que Dios nos dice lo que es cierto acerca de las circunstancias.[2]

Una gran oportunidad se presenta cuando las circunstancias nos traicionan: la oportunidad de depender de las grandes promesas de Dios. Nehemías nos enseña cómo dar el paso más importante para depender de las promesas de Dios. Él encontró una promesa específica que se ajustaba a la circunstancia a la que se enfrentaba. Cuanto más específica es la promesa, más se fortalece nuestra fe.

Para encontrar esa promesa, busca en la Biblia como lo hizo Nehemías. Está llena de las promesas de Dios; un escritor ha contado más de ocho mil.[3] ¿Cómo encuentras la que necesitas en medio de todos los versículos de la Biblia? Tal vez tengas éxito haciendo una búsqueda en la red para encontrarla, aunque he visto que no es la forma en que suele suceder. Dios nos lleva típicamente a través de un proceso de búsqueda. Podría ser por medio del estudio de la Biblia, de escuchar un mensaje, o de hablar con otro creyente. Cuando descubrimos una promesa a través de este proceso, es como encontrar un tesoro enterrado.

2. David W. Henderson, «Hope: Anchoring Your Heart to a Sure and Certain Future», *Discipleship Journal* 114 (noviembre /diciembre 1999), www.angelfire.com/jazz/karen_trust/OursChrist/Anchor1.html (acceso 6 julio 2017).

3. Herbert Lockyer, *All the Promises of the Bible* (Grand Rapids: Zondervan, 1990).

Cómo juntar las piezas cuando todo se ha deshecho

Cuando nuestra casa e iglesia fueron destruidas por una inundación, yo necesitaba una promesa para mi propia vida, y como un pastor joven, quería darle esperanzas a nuestra iglesia. Comencé a leer el libro de Nehemías, pues sabía que trataba sobre la reconstrucción, y me encontré con la promesa que vimos anteriormente en Nehemías 2.20: «¡Nosotros, sus siervos, vamos a comenzar la reconstrucción!».

Esas palabras me golpearon como una descarga eléctrica; eran solo la promesa que yo necesitaba. En mi búsqueda, Dios me dio una promesa que atesoraré para el resto de mi vida. Este proceso de búsqueda comienza con la oración. Pregúntale a Dios qué *promesa específica* tiene para el problema que enfrentas al emprender tu búsqueda.

La lección final de Nehemías sobre la oración para los que quieren reconstruir es *pedir ayuda específica mientras oras*: «Señor, te suplico que escuches nuestra oración, pues somos tus siervos y nos complacemos en honrar tu nombre. Y te pido que a este siervo tuyo le concedas tener éxito y ganarse el favor del rey» (Nehemías 1.11). Nehemías pide el éxito específicamente cuando se prepara para ir a hacerle una petición al rey.

No pierdas de vista que esta es una oración con un horario: «Prospera, por favor, a tu siervo hoy». Y es una oración con un plan: «concédele gracia ante aquel hombre». Nehemías pide específicamente lo que necesita y específicamente para cuándo lo necesita.

A veces tratamos de hacer un favor a Dios siendo muy generales con nuestras oraciones: «Dios, si quieres conceder el éxito algún día, oro para que algún día puedas conceder el éxito que quieras dar, a menos que no quieras concederlo».

No queremos ser hipotéticos en presencia de Dios, así que reaccionamos exageradamente al no pedir nada en absoluto. ¡Pide específicamente! El Espíritu Santo motivará con frecuencia oraciones específicas para que la voluntad de Dios sea hecha en tu vida. Y si estás equivocado específicamente en lo que pides, Dios redirigirá específicamente tu corazón.

Te animo a incluir estas cuatro lecciones orando con fe en la práctica ahora mismo:

Padre, te ofrezco alabanza en medio de este problema. Eres más grande que cualquier problema que estoy enfrentando. Eres un Dios grande y asombroso. Mantenme consciente de tu amor infalible y del funcionamiento fiel de tu plan. Confieso el pecado del que soy consciente y te agradezco el perdón que das en Cristo. Te pido que me guíes en la búsqueda de una promesa a la cual aferrarme. Por último, estas son mis peticiones prácticas de lo que estoy pidiendo que hagas y de cuándo te pido que lo hagas mientras enfrento esta necesidad de reconstruir. Oro en el nombre de Jesús. Amén.

ENCUENTRA LA FORTALEZA PARA COMENZAR:
Mis primeros pasos

DUELO: Expresa tu dolor a Dios

Anota algunas de las formas en que has expresado tu dolor a Dios o planees expresarlo. Algunas personas encuentran útil llevar un diario, otras el permanecer solitarias. Algunos expresan mejor su dolor sentados en un lugar cómodo, y otros mientras caminan. Algunos necesitan expresar su corazón a Dios en silencio; otros lo expresarán en voz alta. Escuchar música puede hablarle a tu corazón como nada más puede hacerlo. Esta es una lista de canciones que quizá quieras escuchar:

CANCIONES PARA EL DOLOR

Kari Jobe: *No estoy sola*

Sarah Groves: *Él siempre ha sido fiel*

Steven Curtis Chapman: *Jesús te encontrará allá*

Matt Maher: *Señor, te necesito*

Plumb: *Te necesito ahora*

JJ Heller: *Tus manos*

Building 429: *Nadie más sabe*

Laura Story: *Bendiciones*

Meredith Andrews: *Manos que me sostienen*

Meredith Andrews: *Ni por un momento*

All Sons and Daughters: *Eres maravilloso, Señor*

Jeremy Camp: *Él sabe*

Danny Gokey: *Dile a tu corazón que vuelva a latir*

Lauren Daigle: *Confía en ti*

Audrey Assad: *Bueno para mí*

Casting Crowns: *Solo se celebrará*

Mercy Me: *La herida y el sanador*

For King and Country: *Corazón roto*

Pam Thum: *La vida es dura (pero Dios es bueno)*

Steven Curtis Chapman: *Aleluya, tú eres bueno*

Tommy Walker: *Cuando no sé qué hacer*

Third Day: *Clama a Jesús*

Ginny Owens: *Si quieres que lo haga*

Matt Redman: *Bendito sea tu nombre*

Shane & Shane: *Aunque me mates*

Phil Wickham: *Seguro*

Nichole Nordeman and Erin O'Donnell: *Tú eres bueno*

Puedes descargar las canciones originales en inglés como una lista de reproducción de Spotify en http://sptfy.com/Y2u

AYUNAR: Enfoca tu corazón en Dios

Escribe tu fecha para un día de ayuno.

Decide si vas a hacer un ayuno de una comida, de un jugo (si tomas jugo en lugar de ingerir alimentos para cada comida), o durante un día. Es posible que tengas que consultar con tu médico, y siempre debes tomar agua cuando ayunes.

Tómate el tiempo que habrías dedicado a comer para centrarte en Dios en silencio, oración o lectura.

Recuerda que el mayor beneficio del ayuno puede ocurrir no en el día que ayunes, sino en los días que siguen.

ORACIÓN: Pide la ayuda de Dios

Haz planes para dar el paso de hablar con Dios regularmente acerca de lo que necesitas recomponer, ya sea en un tiempo prolongado de oración o en un tiempo breve de oración diaria.

Usa el esquema simple de Nehemías para dirigir tus oraciones:

- reconocer quién es Dios
- reconocer quién eres
- invocar las promesas de Dios
- pedir ayuda específica

Capítulo 2

DA EL PRIMER PASO

El primer paso es la promesa
de lo que está por venir

Fe es dar el primer paso, incluso cuando no ves toda la escalera.
Martin Luther King Jr.

La pérdida más grande de tiempo es el tiempo en el que nada fue comenzado.

Dawson Trotman

Todo lo puedo en Cristo que me fortalece.

Filipenses 4.13

Aunque Julie y Chad seguían viviendo bajo el mismo techo, la comprensión tácita de que su matrimonio había terminado invadió las paredes de su hogar. Aún faltaban los detalles técnicos de la separación y el divorcio, pero ambos habían aceptado la realidad de una relación fallida.

No había ocurrido ningún acontecimiento único que hubiera llevado su matrimonio a este punto. Más bien, comenzaron a vivir vidas separadas poco a poco. El enfoque de Julie en la consolidación de un negocio y los objetivos de Chad para labrarse una carrera no dejaron tiempo para su relación. El resultado ha sucedido en miles de relaciones. Sin tiempo juntos, llegaron a sentir que ya no necesitaban al otro en sus vidas.

Aún no lo sabían, pero justo cuando se habían separado de manera gradual, estuvieron a punto de empezar a crecer gradualmente juntos de nuevo. Comenzó con una invitación a Julie para ofrecer una consulta gratuita sobre las necesidades de los propietarios de pequeñas empresas a un grupo en la Iglesia de Saddleback.

—No soy practicante o creyente en todo eso —les dijo.

—Tu opinión es exactamente la que necesitamos —respondieron ellos.

Ella fue una vez y se dijo a sí misma que había cumplido con su responsabilidad. Pero le pidieron varias veces que volviera hasta que aceptó. Durante los meses siguientes, mientras les daba consejos, Julie también sentía que su corazón se sentía atraído por la fe que veía en algunas de las personas del grupo. Ella comenzó una relación con Cristo y supo inmediatamente que todo había cambiado.

Sin pensar en lo que podría significar para su relación, ella sabía que tenía que compartir con Chad lo que había encontrado. Necesitaba la esperanza, la paz y la alegría que estaba comenzando a experimentar. Le pidió que fuera con ella a la iglesia, y al principio, él dijo que realmente no sentía necesidad de eso. Pero cuando empezó a ver un cambio en su vida y ella siguió invitándolo de vez en cuando, finalmente él dijo que sí.

Mientras conducían juntos por primera vez a la iglesia, Chad se sintió abrumado por el tamaño de la iglesia. Pasaron por un tranvía que llevaba a las familias de un estacionamiento subterráneo al edificio infantil, y eso fue todo. «Esto no es una iglesia; es Disneylandia», dijo Chad. Se dirigieron directamente al estacionamiento sin siquiera parar.

Julie se entristeció, pero se sintió obligada sin embargo a informar a Chad de lo que Dios estaba haciendo en su vida. Ella descubrió que había un servicio de adoración más pequeño en Saddleback, y le preguntó a Chad si podría estar dispuesto a intentarlo. Una vez más, él dijo que sí, y esta vez fueron y se quedaron.

Chad vio lo que había sido tan significativo para Julie, y también decidió comenzar una relación con Jesús. Como dos nuevos creyentes, ahora tenían la oportunidad un poco estremecedora de ver lo que esto podría significar para su matrimonio.

Es vital detenerse un momento para reconocer que nada de esto hubiera sucedido sin que alguien diera el primer paso. Julie se conectó con una iglesia porque alguien preguntó y siguió preguntando. Luego Julie continuó pidiendo a Chad que empezara a ver con ella la diferencia que podía hacer Jesús. Para que esta relación fuera restaurada, alguien tenía que pedir. Y luego pedir de nuevo.

Este es el momento crucial cuando una persona está reconstruyendo. A menos que alguien *dé el primer paso*, no habrá oportunidad de comenzar de nuevo.

Supongamos que estás en la línea de salida de una carrera de cien metros. Estás apoyado en los bloques; el disparo de salida está a punto de sonar. Pero en lugar de pensar en la carrera, estás considerando cada detalle de la última carrera que corriste. No estás escuchando atentamente la pistola, así que por supuesto no vas a empezar bien. Para comenzar bien, cada fibra de tu ser debe estar escuchando el disparo de salida.

Para reconstruir bien debemos empezar bien. ¿Cómo nos convertimos en el tipo de personas que inician la acción? ¿Cómo alcanzamos esa relación, carrera, plan o proyecto fuera de los bloques de salida?

Nehemías da un gran estímulo para que las cosas comiencen. Él decide comenzar la reconstrucción de las murallas de Jerusalén y descubre que todo el mundo está de pie, sacudiendo la cabeza, y diciendo esencialmente: «Esto es terrible; esto es horrible». De este grupo sin iniciativa, él hace que las cosas comiencen al tomar cuatro decisiones. Estas decisiones le hicieron ser un iniciador cuando todo el mundo era solo un espectador. Son simples decisiones; decisiones que tú puedes tomar, comenzando ahora mismo.

DECIDE ADOPTAR UNA POSTURA

Mira cómo se desarrolla la historia en Nehemías 2.1–5:

Un día, en el mes de *nisán* del año veinte del reinado de Artajerjes, al ofrecerle vino al rey, como él nunca antes me había visto triste, me preguntó: —¿Por qué estás triste? No

Da el primer paso

me parece que estés enfermo, así que debe haber algo que te está causando dolor.

Yo sentí mucho miedo y le respondí: —¡Que viva Su Majestad para siempre! ¿Cómo no he de estar triste, si la ciudad donde están los sepulcros de mis padres se halla en ruinas, con sus puertas consumidas por el fuego?

—¿Qué quieres que haga? —replicó el rey.

Encomendándome al Dios del cielo, le respondí: —Si a Su Majestad le parece bien, y si este siervo suyo es digno de su favor, le ruego que me envíe a Judá para reedificar la ciudad donde están los sepulcros de mis padres.

Nehemías da inicio a las cosas al hablar con el rey. Sabe que para avanzar tiene que tener el apoyo del rey. El rey tendrá que darle permiso para ir y proporcionarle los recursos.

Nehemías dijo: «Yo tenía mucho miedo». ¿De qué tenía miedo? Esto era mucho más que el miedo de hablar en público. En esa época, si le pedías algo a un rey y él negaba tu petición, venía acompañada de una consecuencia severa. A los reyes no les gustaban los sujetos descontentos en su reino, así que si ellos negaban una petición, también les cortaban la cabeza, ¡lo cual aseguraba que no hubiera sujetos descontentos alrededor!

Para recomponer algo, tendremos que enfrentar nuestros miedos. Uno de nuestros mayores temores es el miedo de abrirnos a más dolor. Incluso el hecho de pensar en reconstruir significa que estamos tomando el riesgo de decepcionarnos si no funciona. Parece más seguro aceptar simplemente el fracaso y seguir adelante.

La única manera de superar ese temor se encuentra en 1 Juan 4.18: «No hay miedo en el amor. Pero el amor perfecto expulsa el miedo, porque el miedo tiene que ver con el castigo. El que teme no se perfecciona en el amor». El amor es el antídoto de Dios al miedo. El amor de Dios por ti es la manera de ver más allá de tu miedo.

Juan dice que «el miedo tiene que ver con el castigo». El miedo nos dice que las circunstancias y las personas en nuestras vidas son para castigarnos cuando tomamos un riesgo. El miedo nos lleva a asumir el dolor en nuestras vidas personalmente, como si no mereciéramos nada, sino el castigo. Aparte del amor de Dios, esto sería cierto, pero en la gracia de Dios solo recibimos amor.

Así que ahora puedes tomar el amor de Dios personalmente. Puedes saber que cualquier riesgo que tomes, él está trabajando para bendecirte y no para castigarte. Puedes saber que no importa cuál sea el resultado de la posición que tomes, Dios estará contigo.

A fin de dar comienzo a la fe para lo que desea hacer Dios, debe haber alguien con el coraje de adoptar una postura. David lo ejemplificó con Goliat; Deborah lo mostró cuando llevó a Israel a la victoria; y Pablo lo evidenció mientras predicaba a los gentiles.

En la historia, vemos este coraje en la famosa declaración de Martín Lutero: «Aquí estoy; no puedo hacer otra cosa, así que ayúdame Dios», mientras defendía las verdades que provocaron la Reforma. Martin Luther King Jr. citó esas palabras en su *Carta desde una cárcel en Birmingham* mientras adoptaba su propia postura por la igualdad racial.[4] Catherine Booth se inspiró en esas palabras al decir: «Aquí estoy y me jacto de que el Cristo de Dios, mi Cristo, el Cristo del Ejército de Salvación, satisface esta llorosa necesidad del alma, y llena este doloroso vacío».[5] Como cofundadora del Ejército de Salvación, ella defendía el poder de Cristo para satisfacer las necesidades de la injusticia social en su época.

---

4. Martin Luther King Jr., «Carta desde una cárcel en Birmingham», 16 abril 1963, https://regeneracion.mx/antologia-de-martin-luther-king/ (acceso 19 septiembre 2017).
5. Mrs. Booth, *Popular Christianity: A Series of Lectures* (Londres: Salvation Army, 1887), p. 6.

Estas son las personas que adoptaron una postura cuando nadie más lo hizo. Ellas demuestran que adoptar una postura significa tener el coraje para enfrentar las consecuencias. Si se ríen de nosotros, si nos miran fijamente, nos gritan o disparan, habrá consecuencias cuando adoptemos una postura, porque somos los que estamos liderando el camino.

Todos sabemos intuitivamente que adoptar una postura vendrá acompañada de presión. Es por eso que resulta difícil de hacer.

Esto es cierto incluso si es una postura que adoptas en tu propio corazón. Tú decides: *Adoptaré una postura contra la pereza en mi vida. Restauraré una vida viviendo para el propósito de Dios.* Incluso antes de decirle a otra persona, esta postura interna trae consigo la presión de tener que vivir de un modo diferente. Ya no estás yendo cuesta abajo; has cambiado de dirección y te diriges cuesta arriba.

Le pregunté a Julie qué le dio el coraje para seguir dando los primeros pasos para pedirle a Chad que fuera a la iglesia con ella. «Fue muy intimidante para mí», dijo, «porque no quería que él pensara que yo estaba tratando de cambiarlo». Para ella, el coraje llegaba cada vez que descubría en la Biblia una verdad que cambiaba la vida. No se trataba de que ella intentara cambiarlo a él, sino de las maneras en que Dios la estaba cambiando a ella.

Obviamente, Chad tuvo que tener el valor de decir que sí, incluso después de haber dicho que no. Olvidarse de un no requiere de mucha humildad. Para él, provino de un deseo de restaurar su relación. «A pesar de que no nos queríamos en ese momento», dijo él, «me había casado con ella porque la amaba. Así que estaba dispuesto a intentar cualquier cosa, y lo que había estado intentando no parecía estar funcionando». ¡Se necesita un gran valor para admitir que lo que has estado intentando no está funcionando y probar algo diferente!

Jesucristo puede darte el coraje para adoptar esa postura. Él adoptó una postura para ti. Él fue a la cruz por ti y se entregó por tu pecado. No trates de adoptar la postura en tu fortaleza. No hay mayor aliento que yo pueda dar que instarte a adoptar la postura en la fortaleza que Jesús puede darte. Pídele esa fortaleza ahora mismo.

DECIDE PREPARARTE PARA EL ÉXITO

El rey dijo que sí, y Nehemías estaba listo para que el rey dijera que sí. Se preparó de antemano para lo que podría suceder si el rey fuera favorable a su petición:

—¿Cuánto durará tu viaje? ¿Cuándo regresarás? —me preguntó el rey, que tenía a la reina sentada a su lado.

En cuanto le propuse un plazo, el rey aceptó enviarme. Entonces añadí: —Si a Su Majestad le parece bien, le ruego que envíe cartas a los gobernadores del oeste del río Éufrates para que me den vía libre y yo pueda llegar a Judá; y por favor ordene a su guardabosques Asaf que me dé madera para reparar las puertas de la ciudadela del templo, la muralla de la ciudad y la casa donde he de vivir—. El rey accedió a mi petición, porque Dios estaba actuando a mi favor.

Nehemías 2.6–8

La preparación de Nehemías comenzó incluso cuando hizo su petición. Fíjate que el rey tenía a la reina sentada a su lado. Nehemías probablemente sabía que el rey estaría más abierto a su petición con la reina presente, tal vez por el favor que disfrutaba con la reina debido a su papel en la protección del rey. Nos preparamos para el éxito haciendo nuestras solicitudes en el momento adecuado.

También nos preparamos para el éxito cuando estamos listos para avanzar. Con mucha frecuencia nos permitimos estar tan preocupados porque alguien diga que no, que no pensamos en lo que haremos si dice que sí. Nehemías había empleado sabiamente su energía centrándose en lo que iba a hacer cuando el rey dijera que sí.

Hay un principio aquí: *Las personas que empiezan las cosas se preparan para el éxito en lugar de preocuparse por el fracaso.* ¿Estás empleando la mayor parte de tu energía preparándote para el fracaso, o preparándote para el éxito?

Una de las maneras de prepararte es hacer una lista simple de lo que necesitas. Cuando el rey le preguntó qué podía hacer, Nehemías tenía una lista de los recursos que necesitaba y de las personas que podrían ayudar. Para ser una persona que haga las cosas, debes tener esa lista en tu mente antes de que se abra la puerta de la oportunidad, de modo que cuando lo haga, estés inmediatamente listo para cruzarla.

A veces hay una fe maravillosa en una simple lista de necesidades. En la inundación que experimentamos, el nivel de agua en nuestra casa subió a nueve *pies*. Nuestro primer paso en la reconstrucción fue derribar la casa hasta el subsuelo y los postes, demoler todo el piso y quitar todos los paneles.

Tengo un profundo agradecimiento por la gran ayuda que los padres de mi esposa, Jimmy y Dot, nos brindaron en nuestra reconstrucción. Jimmy había hecho una gran cantidad de trabajos de construcción como constructor misionero de iglesias, y una de las primeras cosas que hizo fue redactar una lista de los materiales que necesitábamos para reconstruir. Apenas estábamos comenzando a recuperarnos y no teníamos recursos para comprar esos materiales, pero de todos modos él empezó a hacer una lista.

Un día nos dijo que necesitaríamos noventa y ocho paneles para reparar la casa. Esa misma noche, alguien de fuera de la ciudad visitó nuestra casa para ver el daño. Sacudiendo la cabeza después de mirarlo todo, preguntó:

—¿Hay algo que pueda hacer para ayudar?

—Sí —dijo Jimmy—, necesitamos noventa y ocho paneles. Ese hombre compró los paneles para que reconstruyéramos nuestra casa porque Jimmy se había preparado de antemano para que alguien dijera que sí. Los reconstructores planean para el éxito.

¿En dónde necesitas dejar de preocuparte por el fracaso y empezar a prepararte para el éxito? Es posible que quieras hacer una pausa ahora mismo y hacer una lista de los recursos que necesitas para comenzar de nuevo.

DECIDE EVALUAR EL PROBLEMA

El siguiente paso que da Nehemías para poner las cosas en marcha es llevar a cabo una revisión de primera mano del problema:

> Tres días después de haber llegado a Jerusalén, salí de noche acompañado de algunos hombres, pero a ninguno de ellos le conté lo que mi Dios me había motivado hacer por Jerusalén. La única bestia que llevábamos era la que yo montaba. Esa noche salí por la puerta del Valle hacia la fuente del Dragón y la puerta del Basurero. Inspeccioné las ruinas de la muralla de Jerusalén, y sus puertas consumidas por el fuego.
> **Nehemías 2.11–13.**

Estoy seguro de que lo más importante que notaste en este pasaje son las palabras «Puerta del Basurero». ¿Por qué tendrían una puerta del Basurero? El estiércol sucede; es todo lo que necesitamos decir sobre eso.

Lo significativo que ocurre aquí es la evaluación personal y detallada que hace Nehemías del problema. Cruzó cada puerta y miró cada uno de los muros. Esto no era algo que él pudiera delegar a otra persona o dejar a la opinión de otro. Necesitaba ver por sí mismo en dónde estaban las roturas en los muros y qué debía hacerse para reconstruir.

Nehemías nos enseña algo muy importante sobre aquellos que empiezan a hacer cosas. En lugar de sentarse y quejarse sobre lo desconocido e invisible, aquellos que emprenden acciones de fe afrontan resueltamente los problemas. Evaluar un problema resueltamente y de primera mano tiene varios aspectos valiosos.

En primer lugar, una evaluación de primera mano *reduce el problema a un tamaño manejable.* Cuando vi fotos de nuestra casa y de la iglesia bajo el agua en las primeras páginas de los periódicos y como la historia principal de las noticias nacionales, la recuperación parecía imposible. Parecía un desastre a partir del cual nunca reconstruiríamos. Pero cuando subí a una lancha con mi amigo Bob para ver nuestras casas y la iglesia, pude empezar a ver cómo podíamos reconstruir. Parecía que había mucho trabajo por hacer, pero ya no parecía imposible. Los muebles estaban revueltos y desordenados, pero seguían siendo nuestros muebles. Teníamos unos cuantos pies de agua en la casa, pero seguía siendo nuestra casa. Mirar el problema puede reducirlo a un tamaño manejable. Enfréntate al problema; existe cada posibilidad de que Dios te muestre cómo manejar la solución.

En segundo lugar, una evaluación personal del problema te *da una idea de la necesidad inmediata*. A veces, procrastinamos al dejar mentalmente el problema en un rincón. Cuando hacemos eso, el problema no desaparece generalmente; a menudo aumenta debido a la falta de atención. Y en la parte posterior de nuestras mentes, hay una ansiedad persistente sobre el problema que estamos ignorando y que nos roba nuestra energía.

Cuando afrontamos el problema, vemos la inmediatez de la necesidad de una manera que nos motive a dar el primer paso. Pasamos de una sensación difusa de «Realmente debería hacer algo al respecto» a una decisión concreta de actuar.

Un tercer beneficio de una evaluación de primera mano es que *renueva un espíritu de responsabilidad personal*. Cuando no estamos viendo el problema, nos parece como si hubiera alguien en algún lugar que estuviera ocupándose de él. La responsabilidad de todos es la responsabilidad de nadie. Cuando afrontamos el problema, sentimos la responsabilidad de emprender acciones. Es increíble la cantidad de problemas que aún existen porque estamos pretendiendo que alguien hará algo.

A veces la persona que pretendemos que hará algo es Dios. Quiero ser extremadamente cuidadoso aquí al decir que al final, *es Dios* quien hace todo el trabajo. Lo que a veces extrañamos es que en el trabajo que hace, él tiene algo para que hagamos nosotros. Una evaluación de primera mano del problema nos ayudará a ver en dónde Dios quiere que actuemos.

Ciertamente podemos avanzar cuando Dios quiere que esperemos. Quiero abordar aquí el problema opuesto, es decir, pensar que es espiritual esperar solo cuando Dios tiene algo para que nosotros lo hagamos. Incluso un hombre con una fe tan grande como Moisés afrontó este problema. Cuando el pueblo de Israel quedó atrapado entre el Mar Rojo y el ejército egipcio, Moisés dijo al pueblo: «No tengan miedo —les respondió Moisés—. Mantengan sus posiciones, que hoy mismo serán testigos de la salvación que el SEÑOR realizará en favor de ustedes. A esos egipcios que hoy ven, ¡jamás volverán a verlos! Ustedes quédense quietos, que el SEÑOR presentará batalla por ustedes» (Éxodo 14.13, 14).

Las palabras de Moisés suenan muy espirituales y confiables. Pero también estaban completamente equivocadas. Dios le dice inmediatamente a Moisés: «Pero el SEÑOR le dijo a Moisés: "¿Por qué clamas a mí? ¡Ordena a los israelitas que se pongan en marcha! Y tú, levanta tu vara, extiende tu brazo sobre el mar y divide las aguas, para que los israelitas lo crucen sobre terreno seco"» (Éxodo 14.15, 16). ¡Moisés les estaba diciendo que permanecieran inmóviles cuando Dios quería que avanzaran!

Mientras que el balance entre el momento en que debemos esperar y no hacer nada y en el que debemos avanzar es ciertamente uno que requiere un gran discernimiento, he observado más veces de lo que nos gustaría admitir que enfrentamos el mismo problema que Moisés aquel día. Dios nos está diciendo que actuemos, y nos escondemos detrás de palabras que tienen un sonido espiritual.

Me gusta el ejemplo del apóstol Pablo, uno de los más grandes iniciadores de toda la historia. Fue el primero en comenzar iglesias en todo el mundo conocido. Pablo tenía el hábito de avanzar en cualquier dirección en que él sintiera que Dios podría estarlo guiando. Si una puerta estaba abierta, seguía moviéndose; si estaba cerrada, se detenía o era redirigido. Con frecuencia, Dios puede trabajar mejor con nosotros cuando estamos en movimiento que cuando estamos estancados, y él está tratando de hacer que nos movamos.

Mientras repasas el problema, una buena oración para decir es: «Dios, ¿qué quieres que haga ahora?».

DECIDE PEDIR AYUDA

La cuarta decisión que tomó Nehemías al emprender el cambio fue la decisión de involucrar a otros y pedir ayuda:

> Por eso les dije: —Ustedes son testigos de nuestra desgracia. Jerusalén está en ruinas, y sus puertas han sido consumidas por el fuego. ¡Vamos, anímense! ¡Reconstruyamos la muralla de Jerusalén para que ya nadie se burle de nosotros! Entonces les conté cómo la bondadosa mano de Dios había estado conmigo y les relaté lo que el rey me había dicho.
>
> Al oír esto, exclamaron: —¡Manos a la obra! —. Y unieron la acción a la palabra.
>
> **Nehemías 2.17, 18**

A través de la historia, cada persona que ha sido una iniciadora eficaz ha pedido ayuda. Los iniciadores no son independientes. Sin ayuda, Nehemías habría sido un cruzado solitario, pero con ayuda, reconstruyó la muralla. Reconstruir un edificio, una carrera, relación, un matrimonio o ministerio supone una gran cantidad de trabajo duro. Así que los que se enfrentan a la tarea de la reconstrucción necesitan ayuda: los carpinteros para reconstruir una casa, los consejeros para restaurar un matrimonio, la capacitación para renovar una carrera profesional.

Aquí hay un principio simple de vida: *Para recibir ayuda, tienes que pedir ayuda.* La ayuda no llega si no la pides. Creemos que sí; que la gente se dará cuenta y vendrá y ayudará. Pero no ocurre así. Incluso Dios nos dice que le pidamos ayuda en nuestras vidas: «Pidan, y se les dará» (Mateo 7.7).

Da el primer paso

Algunas personas son buenas para pedir ayuda, pero la mayoría de nosotros no. Casi siempre, preferimos hacerlo nosotros mismos. Puede ser una cuestión de orgullo, pero con mucha frecuencia se debe a que no queremos molestar a otras personas. Nos decimos a nosotros mismos que pasan cosas importantes en sus vidas. Pero la verdad es *que necesitamos la ayuda ajena.* ¡Una de las cosas importantes en tu vida eres tú!

Cuando me enfrenté a la circunstancia de reconstruir una casa y una iglesia, tuve que tomar una decisión: ¿iba a tratar de hacerlo solo? Si lo hubiera hecho, el trabajo nunca habría terminado y mi vida habría dado un giro hacia la amargura y la soledad que surgen luego de fracasar solo.

Un mes antes de la inundación, yo había visto un reportaje sobre la autopista de Gordon Bushnell en Minnesota. Bushnell creyó que debería haber una carretera entre Duluth, Minnesota, y Fargo, Dakota del Norte. El gobierno no iba a construir una, así que decidió hacerla él mismo. Con apenas una carretilla, una pala n° 2, y un viejo tractor John Deere, comenzó a mover y a clasificar la tierra por sus propios medios para esta autopista de doscientas millas.

Al momento del informe noticioso, Bushnell tenía setenta y ocho años y llevaba trabajando veinte en el proyecto. Había terminado nueve millas. ¡Le faltaban apenas 191! Suena muy estadounidense, muy independiente y muy inspirador. Pero la carretera nunca se construyó. Tienes que preguntarte: *¿Quiero ser un cruzado solitario, o quiero ser un reconstructor?*

Es significativo que mientras Nehemías pedía ayuda, «les dijo acerca de la graciosa mano de mi Dios» que había estado sobre él. Él nos está enseñando a pedir ayuda con la gracia de Dios a la vista. En la gracia de Dios, cada uno de nosotros sabe que nuestra vida es un don, y la obra de reconstrucción es parte de ese don.

En la gracia, sabes que no se trata solo acerca de ti, sino acerca de la gracia que Dios quiere mostrar en ti y luego a través de ti. Hay algo acerca de ver tu vida como un don-gracia de Dios, en lugar de ver tu vida como algo por lo que eres el único responsable, lo que te inspira a pedir la ayuda que Dios nos dice que necesitamos todos.

Gálatas 6.2 dice: «Ayúdense unos a otros a llevar sus cargas, y así cumplirán la ley de Cristo». La ley de Cristo es el mandamiento de amarnos unos a otros. ¡Cuando no logramos pedir ayuda, en realidad estamos impidiendo que alguien pueda obedecer el mandamiento de amar que nos da Jesús!

Para reconstruir, tienes que adoptar una postura; tienes que prepararte para el éxito; tienes que evaluar el problema; y finalmente, y creo que es lo más importante, tienes que decidir pedir ayuda.

Dando estos pasos iniciales se da comienzo al proceso de restauración. Tan simple como suena esto, es importante recordar que *un comienzo es solo un comienzo*. Ten cuidado con la tendencia a sentir que este primer paso te llevará a la línea de meta. El proceso de recomponer algo tomará tiempo.

Cuando Chad y Julie comenzaron el proceso de restaurar su relación, no tenían idea de cómo sería su viaje. Pronto descubrieron que tardaría más de lo esperado. Lo vieron en las fechas semanales a las que se comprometieron. «Definitivamente fue incómodo al principio», recordó Julie. «Hicimos un trato para tener una cita una vez por semana. Íbamos al parque y gritábamos y vociferábamos y peleábamos un día a la semana. Después de un par de esas ocasiones, estábamos gritando menos y hablando más, todo ello en los columpios, ni siquiera mirándonos el uno al otro, simplemente columpiándonos en el parque».

A partir de este comienzo doloroso llegó un momento que le dejó saber a Julie que su relación realmente podría ser restaurada.

Después de un par de meses de estas citas en el parque, decidieron ir a un restaurante. Julie acababa de cerrar su compañía y realmente estaba luchando con su identidad. No estaba segura de quién era aparte de dirigir su negocio.

Mientras Julie y Chad se sentaban en el restaurante, uno de los antiguos empleados de Julie los vio y se acercó a su mesa. Le hizo a ella la pregunta temida: «¿Qué estás haciendo ahora?». Julie se congeló. No supo qué decir.

En sus palabras: «Nunca lo olvidaré. Sin dudar un instante, Chad dijo: —Está jubilada—. Y pensé: *Eso es perfecto; me ha ganado el corazón.* Antes de eso, era yo contra él, y en ese momento, éramos nosotros los que luchábamos juntos en la batalla».

Este fue un pequeño momento que les dio esperanza, un pequeño paso en el que podrían construir. Nunca hubiera sucedido sin que alguien decidiera dar ese primer paso.

DA EL PRIMER PASO:
mis primeros pasos

DECIDE ADOPTAR UNA POSTURA

Como un primer paso, dile a otra persona que estás buscando empezar a reconstruir. Cerciórate de que sea una persona de la cual estás segura que te apoyará y animará en lo que estás esperando restaurar.

DECIDE PREPARARTE PARA EL ÉXITO

¿Qué cosa específica puedes hacer ahora a fin de prepararte para lo que esperas que Dios restaurará?

Escribe una lista de las cosas que necesitarás a medida que empieces a recomponer algo.

DECIDE EVALUAR EL PROBLEMA

Saca un tiempo para hacer una evaluación de primera mano del problema.

Incluso con más problemas internos o relacionales, puede ser útil examinar lugares donde el problema puede haber comenzado o los días en que las cosas pueden haber sido mejores.

A continuación, escribe un párrafo sobre lo que ves. Escribir tus impresiones te ayudará a evaluar la realidad de lo que hay que reconstruir.

DECIDE PEDIR AYUDA

A fin de comenzar, ¿a quién puedes reclutar para orar por ti en tu proceso de restauración?

Capítulo 3

AGRADECE A LOS DEMÁS

La palabra «gracias» tiene un gran poder para energizar nuestras vidas

Las palabras amables no cuestan nada, pero valen mucho.

Blaise Pascal

Sostengo que las gracias son la forma más alta del pensamiento; ser agradecido es la mejor forma de felicidad.

G. K. Chesterton

¿Cómo podemos agradecer bastante a nuestro Dios por ustedes y por toda la alegría que nos han proporcionado delante de él?

1 Tesalonicenses 3.9

David Maddox aprendió gracias a una experiencia dolorosa lo que se necesita para construir un negocio y para reconstruirlo posteriormente.

David y su esposa Dorothy se mudaron a California durante el auge de la construcción de los años cincuenta. Como constructor, ¡qué mejor lugar para estar! En esos años era un auténtico Oeste salvaje. Como los bancos casi nunca estaban disponibles ni dispuestos a participar en un nuevo proyecto, los constructores simplemente ponían un anuncio en el periódico para ver si alguien respondía, les prestaba dinero y se convertía en un socio en la empresa. David hizo muchas construcciones y comenzó a labrarse una buena reputación con su negocio en crecimiento.

Luego se involucró en un gran proyecto que por poco arruina su negocio. La construcción en sí marchaba bien, pero los retrasos imprevistos y los problemas con los pagos adeudados hicieron que la compañía se quedara sin dinero en efectivo. David estaba de nuevo justo donde había comenzado, sin nada que mostrar por todo su arduo trabajo. En un momento de desaliento, le dijo a Dorothy: «Podría haber conseguido un trabajo mucho más fácil por unos pocos cientos de dólares a la semana, y estaríamos mucho mejor que donde estamos ahora».

Dorothy invitó a David a jugar una ronda de golf en un campo de nueve hoyos cerca de su casa. Sabía que él necesitaba tiempo para pensar, y supuso que mitigar su frustración al golpear algunas pelotas de golf tampoco haría daño. Mientras jugaban en el campo, él abordó su frustración.

Dorothy no tuvo que hablar mucho. David supo por su mirada que ella aún creía en él. Recordó que Dios lo había hecho constructor y que, aunque no tenía los recursos que deseaba, tenía suficiente para seguir adelante.

Ese día decidieron seguir construyendo, y comenzaron a ver que el negocio daba un giro. Aunque las cosas progresaron lentamente, el negocio creció con paciencia y con el paso del tiempo. Hay muchas maneras de construir un negocio. Lo especial acerca de su historia es cómo transformaron el agradecimiento de sus bienes en el agradecimiento por Dios y el agradecimiento hacia los demás.

David había crecido en Brasil como hijo de padres misioneros. Su hermano Paul se involucró en el ministerio como parte importante del equipo inicial de Billy Graham. Aunque fue llamado a una vida en los negocios, el ministerio de David no fue menos significativo.

En su gratitud por lo que Dios les había dado, David y Dorothy comenzaron a bendecir generosamente a personas e iglesias en todo el mundo. Muchos de los más grandes líderes cristianos de una generación pasada fueron alentados y apoyados por su fe en dar. Aunque Dorothy lleva muchos años en el cielo, David continúa en este trabajo de alentar y fortalecer fielmente al pueblo de Dios.

Este ministerio también se expresó de maneras personales con aquellos individuos con los que David tenía contacto directo en su negocio. Tiene en su oficina lo que él llama «el escritorio manchado de lágrimas». A lo largo de los años, muchos de quienes trabajaban con él entraban a su oficina para decirle en medio de lágrimas que tenían grandes cargas financieras. En medio de su compasión,

David encontró a menudo una manera de ayudarles a ponerse de pie. La reconstrucción de su propio negocio le permitió ministrar a muchos otros cuando necesitaban reconstruir.

¿Dónde encontró David la fortaleza para reconstruir su negocio cuando parecía que todo su trabajo había sido inútil? ¿Qué le da a una persona la energía para seguir adelante cuando quiere desistir? Una cosa es querer reconstruir; otra muy diferente es involucrarte en la labor de reconstruir *cada día de tu vida*. Esto requiere de una energía diaria.

Hay un lugar para conseguir esta energía que es sorprendente en su simplicidad. La palabra «gracias» tiene un tremendo potencial para reenergizar tu vida.

Dios dedica un capítulo entero de su palabra eterna al agradecimiento de Nehemías por aquellos que ayudaron a reconstruir la muralla. A veces, consideramos a Nehemías 3 como un capítulo que podemos omitir fácilmente en nuestra lectura porque está lleno de un montón de nombres difíciles de pronunciar. Dios no desperdicia palabras, y este capítulo es un ejemplo entre muchos de la Biblia sobre la importancia de decir gracias.

Vemos otros ejemplos: Éxodo 37 en la construcción del tabernáculo, 1 Reyes 7 en la construcción del templo, Esdras 8 en la reconstrucción del templo, y Romanos 16 (como al final de muchas de las cartas de Pablo) en la construcción de la iglesia.

El *agradecimiento* es la tercera clave que aprendemos de Nehemías para recomponer las cosas. El valor real del agradecimiento está en su resultado. El agradecimiento es igual al estímulo. No podemos reconstruir sin estímulos. ¡No podemos hacer nada significativo en la vida sin estímulos!

Dar gracias resulta un estímulo tanto para la persona que las recibe como para quien las da. El estímulo que emana del simple agradecimiento es una de las claves de la energía continua que necesitamos para poder reconstruir.

Una de las trampas en las que podemos caer cuando necesitamos reconstruir es centrarnos únicamente en nosotros mismos. Estamos trabajando tan duro en recomponer las cosas que no sacamos tiempo para pensar en nadie más. Mientras nos concentremos solo en nosotros mismos, no encontraremos la fortaleza que necesitamos para seguir adelante. Para ser saludables, debemos centrarnos también en los demás. Una de las maneras más simples y poderosas de centrarnos en los demás es sacar tiempo para agradecerles.

El agradecimiento expresa que lo que alguien ha hecho es necesario y ha sido notado. La palabra *apreciación* significa «aumentar algo en valor», como una tenencia de acciones o un inmueble que está aumentando en valor. Cuando sacamos tiempo para decir gracias, estamos aumentando el valor de una persona. Es por eso que esta lista de nombres merece un capítulo en la Palabra de Dios, y por qué el dar las gracias vale la pena en nuestro tiempo cada día.

Cuento la historia de David Maddox en este capítulo porque es una de las personas más agradecidas que conozco. No puedes hablar cinco minutos con él sin verlo encontrar alguna manera de agradecerte y animarte. Me he beneficiado personalmente de su estímulo y he visto cómo adquirió energía por lo que ha construido y reconstruido mediante su elección de agradecer a las personas que lo rodean.

Él tiene una manera única de hacer que su agradecimiento sea muy práctico. Cuando David hace un viaje para alentar a los creyentes de todo el mundo, siempre lleva una maleta adicional, llena de cajas de chocolates See.

Mientras está involucrado en proyectos más ambiciosos de ayudar a personas vulnerables, cuando va a Brasil o India, también saca tiempo para agradecer a las personas que conoce en el camino: una caja de chocolates y un agradecimiento a una azafata, a un portero, a un taxista, a un cocinero y a un custodio. Estas sencillas expresiones de agradecimiento endulzan el espíritu de David tanto como el de cualquiera que recibe las gracias.

Le pregunté dónde se había originado la práctica de dar cajas de chocolates, sin saber la respuesta profundamente emocional que me daría. El hábito comenzó cuando su esposa Dorothy estaba en la unidad de oncología en el Centro Médico de la UCLA, luchando contra un cáncer que terminaría por quitarle la vida.

Mientras David pasaba sus horas en el hospital con ella durante esos días desgarradores, se dio cuenta de lo maravillosamente bien que todo el personal estaba cuidando a su esposa. «Aunque sentía dolor», dijo él, «quería que supieran que yo agradecía lo que estaban haciendo por Dorothy». Entonces recogió algunas cajas de dulces y comenzó a entregarlas como una forma personal de expresar su agradecimiento.

Con la pérdida de su esposa, David se enfrentó a la realidad de reconstruir algo mucho más grande que un negocio. Ahora tendría que vivir y servir sin Dorothy después de un matrimonio de cuarenta y cinco años.

Comenzó ese proceso con simples expresiones de agradecimiento. El agradecimiento nos permite ver las necesidades ajenas más allá de nuestro dolor y nos capacita para ver la importancia de los otros más allá de nuestros éxitos.

Ser capaz de agradecer a los demás, incluso en situaciones de dolor, es una cualidad a la que aspiro. Ciertamente no lo he logrado todavía. David comenzó a aprender a expresar el agradecimiento como hijo de padres misioneros. *Obrigado*, «gracias» en portugués, era un tema recurrente en su hogar. La mayoría de nosotros no tuvimos ese beneficio. Entonces, ¿por dónde empezamos?

Nehemías 3 nos da ideas prácticas para comenzar a agradecer a las personas con las que trabajamos, a la familia con la que vivimos y a los creyentes con quienes servimos. Nos muestra cómo desarrollar la habilidad de dar gracias siendo específicos, sensibles e inquisitivos.

SÉ ESPECÍFICO EN TU AGRADECIMIENTO

Lo primero que nos enseña Nehemías acerca de ser específico es que *hay un gran poder en utilizar los nombres de las personas*. En lugar de decir: «Gran trabajo, muchachos», di, «¡Gran trabajo, Juan!», «¡Susana, eso estuvo genial!», «¡Increíble, José!», «¡Guau, Ana!».

Basta con mirar la lista de nombres de este capítulo, las personas a las que Nehemías llama como aquellas que ayudaron a reconstruir la muralla. Voy a enumerarlas aquí, y estarás tentado de saltártelas y pasar a la siguiente sección. ¡Pero si hubieras estado involucrado en el proyecto, leerías cada uno de los nombres para ver si el tuyo se menciona!

Eliasib	Meremot
Malquías, hijo de Jarín	residentes de Zanoa
sacerdotes	Mesulán, hijo de Berequías
Jasub	Malquías, hijo de Recab
hombres de Jericó	Sadoc
Salún	Salún
Zacur	Nehemías, hijo de Azbuc
hijas de Salún	hombres de Tecoa
hijos de Sená	Levitas bajo Rejún
Janún	Joyadá

Jasabías	Benjamín
Mesulán, hijo de Besodías	Jedaías
Levitas bajo Binuy	Palal
Melatías	Jatús
Ezer	Janún
Jadón	Pedaías
Baruc	Malquías, un platero
Uziel	servidores del templo
Meremot	plateros
Hananías	mercaderes
sacerdotes de los alrededores	Sadoc
Refaías	Semaías

Para la mayoría de nosotros, este es el capítulo bíblico de nuestras pesadillas. ¿Cuál es la pesadilla? ¡Ir a un pequeño grupo de estudio bíblico sobre Nehemías donde el anfitrión te pide que leas al grupo el capítulo 3!

Permíteme darte algunos consejos sobre qué hacer si alguna vez te piden que leas una larga lista de nombres de la Biblia. Lee los nombres con seguridad. Nadie más sabe cómo pronunciarlos tampoco, así que si estás seguro, la gente pensará: *Ah,* así es *como se dice ese nombre.*

Podrías hacer eso, o ser más honesto y cuando llegues a un nombre que no conozcas, simplemente di «Nombre difícil». «Nehemías y el nombre difícil y luego el nombre difícil y el nombre difícil y el nombre difícil y el sacerdote y el nombre difícil y el nombre difícil y los plateros y los mercaderes reconstruyeron la muralla». Todos se reirán porque tampoco querrán leer esos nombres.

En este capítulo se utilizan cuarenta y cinco nombres personales o de grupos. El uso de un nombre dice: «Eres importante». No hay nada más dulce que escuchar tu nombre unido a un agradecimiento. Por supuesto que debemos trabajar aquí, porque no siempre recordamos todos los nombres. Sacar el tiempo para reunir y recordar los nombres vale la pena.

Pero, ¿qué pasa si te olvidas de alguien mientras agradeces a las personas por sus nombres? Nunca dejes que el hecho de no poder reconocer a todos por igual te impida reconocer a alguien personalmente. A veces no usamos un nombre porque creemos que podríamos dejar a alguien por fuera. Nehemías no se preocupó por eso.

Mira en Nehemías 3.31, 32: «Malquías, que era uno de los plateros, reconstruyó el tramo que llega hasta las casas de los servidores del templo y de los comerciantes, frente a la puerta de la Inspección y hasta el puesto de vigilancia. Y el sector que va desde allí hasta la puerta de las Ovejas lo reconstruyeron los plateros y los comerciantes».

Nehemías señaló a un platero mientras notaba que todos hacían reparaciones. Los demás podrían haber sentido celos de que Malquías fuera destacado. O podrían haberse alegrado de que uno de los suyos fuera apreciado. Esa era su elección. Pero nuestra elección debe ser utilizar los nombres de las personas cuando decimos gracias.

¿Cuáles son los nombres de las personas por las que estás agradecido? El lugar para comenzar a agradecerles es traerlos a la mente ahora en presencia de Dios. Dile a Dios que estás agradecido al decir sus nombres en oración.

Una segunda manera de agradecer específicamente es centrándote en los detalles de lo que ha hecho alguien. ¡Mira los detalles en este capítulo! Nehemías habla de murallas y puertas y vigas y torres y tornillos y barras. Está reconociendo cada parte de lo que los reconstructores lograron mientras construían.

Mencionar un nombre dice: «Tú eres importante»; Mencionar un detalle dice: «Lo que hiciste fue importante». Nada se vuelve dinámico hasta que se vuelve específico. Cuando se vuelve específico, tiene mayor poder.

Hay poco poder en decir: «Gracias, a todos; ¡gran trabajo!»; hay un gran poder en decir: «José, gracias por venir temprano para asegurarte de que todas las mesas y sillas estuvieran en su lugar para esta reunión. Tuvimos una reunión mejor debido a lo que hiciste. Todos te agradecemos, José».

Cuando sacamos el tiempo para agradecer específicamente, las investigaciones muestran que eso nos da nuevas energías para la vida. Un artículo de *Harvard Health* menciona solo algunos de los estudios que apuntan casi universalmente al poder de la gratitud:

> Dos psicólogos, el doctor Robert A. Emmons de la Universidad de California en Davis, y el doctor Michael E. McCullough de la Universidad de Miami, han realizado buena parte de las investigaciones sobre la gratitud. En un estudio, pidieron a todos los participantes que escribieran unas pocas frases cada semana, centrándose en temas particulares.
>
> Un grupo escribió sobre las cosas por las que estaban agradecidos y que habían ocurrido durante la semana. Un segundo grupo escribió sobre irritaciones diarias o cosas que les habían desagradado, y el tercero escribió sobre acontecimientos que los habían afectado (sin hacer hincapié en que fueran positivos o negativos). Después de diez semanas, los que escribieron sobre la gratitud eran más optimistas y se sentían mejor con sus vidas. Sorprendentemente, también se ejercitaron más y tuvieron menos visitas a los médicos que aquellos que se concentraron en las fuentes de agravio.
>
> Otro investigador destacado en este campo, el doctor Martin E. P. Seligman, psicólogo de la Universidad de

Pensilvania, probó el impacto de varias intervenciones psico-lógicas positivas en 411 personas, cada una en comparación con una asignación de control sobre el hecho de escribir memorias tempranas. Cuando su tarea semanal era escribir y entregar personalmente una carta de gratitud a alguien que nunca le habían agradecido debidamente por su amabilidad, los partici-pantes mostraron inmediatamente un enorme aumento en los puntajes de felicidad. Este impacto fue mayor que el de cual-quier otra intervención, con beneficios que duraron un mes.[6]

Supongamos que tu médico te dijo que habían descubierto una nueva píldora que te daría más felicidad y energía. Esta píldora tenía cero efectos secundarios negativos y se podía obtener a ningún costo en absoluto. Tú le pedirías al médico que escribiera una receta lo más rápido posible.

¡Ese es el poder de la gratitud, salvo que no necesitas una receta ni ir a la farmacia! Saca un momento ahora mismo para dar gra-cias a la persona cuyo nombre acudió a tu mente hace un momento. Incluye algunos detalles a medida que agradeces por ellos en una llamada, nota, texto o correo electrónico.

SÉ SENSIBLE EN TU AGRADECIMIENTO

Ser sensible al dar gracias significa ver más allá de la superficie de la acción. Cuando podemos incluir un comentario sobre la moti-vación detrás de lo que se hizo, estamos siendo sensibles. Cuando

---

6. Harvard Mental Health Letter, «In Praise of Gratitude», *Harvard Health Publications*, noviembre 2011, www.health.harvard.edu/newsletter_article/in-prai-se-of-gratitude (acceso 6 julio 2017).

podemos tomar nota del papel significativo de la persona que lo hizo, estamos llevando el agradecimiento al siguiente nivel. Hay cuatro maneras de ser más sensibles al dar gracias, las cuales vemos ejemplificadas en Nehemías.

Reconoce el corazón detrás de la acción

En primer lugar, *reconoce el corazón detrás de la acción.* Nehemías dijo: «Continuamos con la reconstrucción y levantamos la muralla hasta media altura, pues el pueblo trabajó con entusiasmo» (Nehemías 4.6). Al ver el corazón detrás de lo que habían hecho juntos, Nehemías señala específicamente el corazón de dos hombres, empezando por Eliasib. «Entonces el sumo sacerdote Eliasib y sus compañeros los sacerdotes trabajaron en la reconstrucción de la puerta de las Ovejas. La repararon y la colocaron en su lugar, y reconstruyeron también la muralla desde la torre de los Cien hasta la torre de Jananel» (Nehemías 3.1).

¿Qué significa esto de construir una puerta y luego ponerle otras? A primera vista, eso suena muy confuso. Pensamos en una puerta como en una de jardín que se balancea en bisagras. En esa época, la *puerta* era un término que se refería a todos los patios de la entrada de una ciudad. La puerta de la ciudad era un patio al aire libre con áreas divididas donde la gente hacía negocios. Así que la puerta tenía otra.

Nehemías ve el corazón detrás de la acción cuando dice que Eliasib y sus compañeros sacerdotes no solo construyeron la puerta, sino que también la consagraron al construirla. Ese es el tipo de agradecimiento que permite que alguien sepa lo profundamente agradecido que estás por él o ella. Reconoces el corazón cuando ves el propósito de una persona. Reconoces el corazón cuando no solo dices lo que alguien hizo, sino también por qué lo hizo.

Significa decir a un grupo de voluntarios en un hospital: «Sé que hicieron esto porque realmente se preocupan por los pacientes y sus familias». Es decirle a un agente de policía: «Agradezco a su corazón por mantenernos a salvo en nuestra comunidad». Es decirle a un grupo de padres en la dedicación de un niño: «Todos sabemos que están dedicando a su hijo porque desean verlo crecer y conocer a Jesucristo, porque ustedes tienen un corazón para que el niño esté cerca de Dios».

Otro ejemplo de reconocer el corazón detrás de lo que hace una persona se encuentra en Nehemías 3.20, donde Nehemías informa: «El tramo siguiente, es decir, el sector que va desde la esquina hasta la puerta de la casa del sumo sacerdote Eliasib, lo reconstruyó con entusiasmo Baruc hijo de Zabay».

Nehemías ha mencionado por su nombre a cada persona y sección de la muralla que repararon. Cuando llega a Baruc, dice que él «reparó con gran entusiasmo». Trata de imaginar visualmente a alguien reparando celosamente algo. Ese era Baruc; él estaba poniendo todo su empeño en reparar esa muralla. Reconoces el corazón cuando notas el carácter de una persona. Nehemías reconoció un carácter entusiasta en la forma en que Baruc levantó y colocó las piedras.

A menudo verás el carácter de las personas en las cosas pequeñas. Por ejemplo, puedes ver el carácter de una persona en la forma en que conduce un auto. ¡Eso será motivo de exclamación para muchos de nosotros! Permanezcamos en el lado positivo y digamos que puedes ver la consideración y el cuidado de una persona por otras en su forma de conducir.

Puedes ver el carácter incluso en la forma en que alguien come palomitas de maíz. Algunas personas comen de una en una. Otras comen palomitas de maíz con fruición, y las palomitas y las semillas vuelan por todas partes.

Cuando sacas tiempo para ver el carácter de una persona mientras le agradeces, eso demuestra que has dejado atrás la superficie para ver el corazón. Jesús hizo esto. Jesús vio el corazón cuando reconoció la humildad de un niño pequeño (Mateo 18), la generosidad de una viuda pobre (Lucas 21) y la adoración de una mujer rechazada (Juan 12). Él miró más allá de la acción para ver el corazón, enseñándonos a ser sensibles mientras agradecemos.

Reconoce a quienes hacen un esfuerzo adicional

Una segunda manera de ser sensible en tu agradecimiento a los demás es *reconocer a aquellos que hacen la mayor parte del trabajo.* Nehemías escribe: «El tramo contiguo lo reconstruyó Meremot, hijo de Urías y nieto de Cos» (Nehemías 3.4). Luego, en el versículo 21, escribe: «El tramo contiguo que va desde la puerta de la casa de Eliasib hasta el extremo de la misma lo reconstruyó Meremot, hijo de Urías y nieto de Cos».

Este es uno entre varios ejemplos de personas que repararon más de un tramo. Nehemías se toma el tiempo de mencionarlos dos veces en su informe. Los que hacen un esfuerzo adicional merecen una segunda mención. Nehemías no temía que otras personas pudieran estar celosas del reconocimiento especial. Ellas hicieron un esfuerzo adicional, así que él les dio un agradecimiento adicional.

Elige a los líderes individuales para un reconocimiento especial

Una tercera manera de ser sensible al agradecer es *hacer un reconocimiento a los líderes.* Nehemías menciona a un líder tras otro. Los líderes son los que deben resolver los problemas y hacer frente a la crítica, por lo que están muy necesitados de agradecimientos. Nadie ha estado liderando por tanto tiempo que no se sienta energizado por palabras de agradecimiento. Puede que no lo haga por el agradecimiento, pero ciertamente se ve fortalecido por él.

Los líderes son importantes debido a su influencia en otras personas. Cuando agradeces a un líder, tu estímulo se multiplica a muchos otros. Los líderes son importantes debido a su visibilidad. Cuando agradeces a un líder, estás reconociendo a todo su equipo. Un líder sabio tomará ese agradecimiento y lo transmitirá rápidamente a las personas que está liderando.

Como pastor y líder durante muchos años, puedo atestiguar cuán importante es mi agradecimiento. No sirvo para el agradecimiento, pero honestamente no creo que podría servir tan bien sin él. Fuimos creados para necesitar el estímulo resultante de este reconocimiento de los demás. Es por eso que 1 Tesalonicenses 5.12 nos recuerda: «Hermanos, les pedimos que sean considerados con los que trabajan arduamente entre ustedes, y los guían y amonestan en el Señor».

Sí, nuestra necesidad de aliento puede convertirse con demasiada rapidez en una necesidad obsesiva de ser notados. Pero el hecho de que a veces no tengamos dificultades no debe hacernos perder de vista la importancia del estímulo que es necesario dar.

El agradecimiento tiene el poder de recordar a los líderes aquello que es importante. Hace varios años, los miembros de la Iglesia de Saddleback nos escribieron breves notas de agradecimiento a Chaundel y a mí en uno de los aniversarios de nuestra presencia en la iglesia. Como profesor, me habrían encantado los agradecimientos específicos sobre algún punto que yo hubiera hecho en uno de mis mensajes, ¡aún mejor, si ellos hubieran podido citarlo perfectamente y recordar la fecha en que se enseñó!

Las notas que recibimos no hablaban de mensajes, sino de momentos espontáneos en los que nos habíamos encontrado con alguien en la iglesia o en la comunidad; de que nosotros estábamos entre las primeras personas que ellos habían conocido en la iglesia, o de una palabra de aliento que habíamos podido compartir. Más que nada, los agradecimientos fueron por breves palabras de oración en el patio de la iglesia por los sufrimientos que ellos estaban enfrentando.

Mientras leía estos agradecimientos, tenía ante mí un poderoso recordatorio de las muchas ocasiones cuando podría sentirme demasiado cansado o demasiado ocupado para pasar tiempo con la gente en nuestro patio. Su agradecimiento me guio en lo que es verdaderamente importante.

Corrige a los que decidan no participar

Una última manera de ser sensible al expresar agradecimiento es *ofrecer palabras de corrección cuando sea necesario*. Nehemías escribe: «Los de Tecoa reconstruyeron el siguiente tramo de la muralla, aunque sus notables no quisieron colaborar con los dirigentes» (Nehemías 3.5). Como menciona Nehemías a aquellos que agradece, él también saca tiempo para señalar a quienes no trabajaron.

La corrección honesta puede añadir poder real a nuestro agradecimiento, porque la gente se da cuenta entonces de que no solo estamos halagándolos. No estamos agradeciendo a todos y a cada uno para que todos tengamos una experiencia positiva. Nuestras expresiones de agradecimiento parecen más genuinas cuando reconocemos que algunos se están perdiendo la bendición porque no se han unido en el esfuerzo.

¡Esas palabras de corrección deben mantenerse en equilibrio! Nehemías no cometió el error de pasar todo el capítulo hablando con la gente que no trabajó. Se centró en el agradecimiento positivo, pero no tuvo miedo de sacar un momento para mencionar una palabra sobre la corrección. Hay un versículo sobre la corrección en todo este capítulo de agradecimiento que es una buena señal del equilibrio adecuado.

Cuando damos gracias a otros de manera específica y sensible, estamos haciendo algunos de los trabajos más importantes en la reconstrucción. Las palabras de agradecimiento tienen el poder de amplificar y multiplicar todo aquello por lo que estamos agradeciendo a la gente en un crecimiento continuo. Detente por un momento y agradece específicamente a alguien en este momento.

Padre, ayúdame a expresar unas gracias sensibles a los demás. Recuérdame el carácter detrás de la acción de alguien. Recuérdame a un líder que haya marcado una diferencia. Recuérdame a alguien que haya hecho un esfuerzo adicional. Te doy gracias por ellos en este momento, y te pido que me muestres una oportunidad para agradecerles hoy de alguna manera. En el nombre de Jesús. Amén.

SÉ MINUCIOSO EN TU AGRADECIMIENTO

Una cosa es hablar acerca de agradecer a los demás; otra cosa es hacerlo realmente. Es muy fácil olvidar. Con demasiada frecuencia, nos centramos más en el hecho de que no nos agradecen que en cómo podemos agradecer a otros. Necesitamos algunas ideas prácticas para recordar el hecho de agradecer.

Cómo juntar las piezas cuando todo se ha deshecho

Al leer Nehemías 3, vemos que una de las formas en que Nehemías se acordó de agradecer a todos fue usando un sistema simple. Podemos verlo en los versículos 17–18: «Después de él restauraron los levitas: Rejun hijo de Bani. A su lado restauró Hasabías, jefe de la mitad del distrito de Queila, a nombre de su distrito. Después de él restauraron sus hermanos: Bavai hijo de Henadad, jefe de la mitad del distrito de Queila» (RVA 2015). «Después de él... a su lado... Después de él», recordó Nehemías al recorrer la muralla.

Para llegar a ser un experto en expresar agradecimientos, necesitamos una manera de pensar acerca de nuestras gracias para impulsar nuestro agradecimiento. Los siguientes párrafos contienen algunas ideas sobre sistemas que pueden ser útiles a nuestra memoria.

Algunas personas usan los *días de la semana*. Por ejemplo, se centran en su familia el lunes, en aquellos con los que van a la iglesia el martes, en la gente de todo el mundo el miércoles, en la gente con la que trabajan el jueves, y en los líderes del gobierno el viernes.

Si tienes una orientación más espacial en tu pensamiento, utiliza *las habitaciones de tu casa o los lugares que visitas* durante el día. Cuando camines por la sala, agradece por tu familia; cuando vayas a la cocina, agradece por otros creyentes; cuando salgas de casa, agradece por tus vecinos. También puedes utilizar ciertas calles por las que circulas, o estaciones de metro para que te acuerdes de agradecer por grupos específicos de personas.

Si estás centrado en los horarios, utiliza tu *planificador semanal*. Anota en el horario de cada día un grupo específico de personas a las cuales expresar tu agradecimiento. O puedes incluir a cinco personas en tu lista de tareas para comunicarles específicamente tu agradecimiento esta semana. Puede ser que apenas comiences con una si nunca has hecho esto. ¡Una es mejor que ninguna!

Agradece a los demás

Utilizar *ocasiones especiales* como cumpleaños y aniversarios es muy útil para muchas personas en este sistema de dar gracias. En lugar de simplemente estampar tu nombre en una tarjeta, saca un momento adicional para expresar una palabra específica de agradecimiento. ¿Con qué frecuencia has recibido una tarjeta con solo un nombre escrito? No sabemos qué escribir en una tarjeta, así que pagamos a Hallmark para que lo haga por nosotros. En lugar de eso, dedica unos minutos a anotar el agradecimiento por una acción específica o cualidad del carácter: «Agradezco que me hayas ayudado durante un momento difícil el año pasado». «Agradezco que seas una persona amable». «Agradezco que tengas un carácter marcado por la integridad». Una sola frase corta puede ser decisiva.

Estos sistemas ayudan a muchas personas, y también pueden ayudarte. Hay dos maneras aún más poderosas de motivarte para agradecer: primero, *agradece a los demás cuando te estén agradeciendo,* y segundo, *agradece a los demás cuando te sientas poco valorado.* Estas son las dos formas más poderosas de motivarte a ti mismo para agradecer.

Cuando te agradezcan, busca a alguien para agradecerle. No te lo guardes para ti; pásalo. No estoy hablando de evadir las gracias diciendo que no las merecías, como si la persona que te agradeció hubiera cometido algún tipo de error. Más bien, recíbelas con gratitud, y luego dáselas a otra persona.

Aún más motivador es agradecer cuando te sientes poco valorado. Si sientes que nadie está notando lo que haces, hay alguien que se siente del mismo modo. Así que en lugar de centrarte en las gracias que no estás recibiendo, empieza a buscar a la persona que necesita el agradecimiento que sientes que no has dado.

Debido a que todos nos sentimos subestimados a veces, esta acción cambia la ecuación. Si nuestros sentimientos de que nadie nos agradece hace que nos refugiemos en nuestro interior, muy pronto nadie estará agradeciendo. Pero si nos hacen volvernos hacia los demás, las palabras de agradecimiento y aprecio se multiplicarán exponencialmente. Así que en lugar de pensar en lo poco apreciado que eres, anímate y anima a la otra persona agradeciéndole.

AGRADECIENDO A DIOS

En un capítulo sobre agradecer a la gente, no podemos olvidar que la persona más importante a la que damos gracias es Dios. Tomemos un tiempo para agradecer a la persona más importante en nuestras vidas. En estos principios para agradecer a la gente, puedes ver algunas verdades maravillosas acerca de cómo agradecer a Dios.

Nehemías nos enseñó a usar nombres. Así que cuando le das gracias a Dios, *utiliza su nombre*. Jesús nos enseñó a orar, diciendo «Padre nuestro que estás en los cielos» (Mateo 6:9). A medida que utilizas el nombre *Padre*, estás agradeciendo a Dios porque él es el creador que cuida. La Biblia le da muchos nombres a Dios, los cuales puedes utilizar cuando agradezcas. Estos son solo algunos:

- *Jehová Shammah* significa «el SEÑOR está ahí»; Dios está presente contigo. Agradécele por estar presente en cada circunstancia.
- *Jehová Rohi* significa «el SEÑOR mi pastor»; Dios es tu buen pastor. Agradécele que él cuide de ti y te guíe.
- *Jehová Shalom* significa «el SEÑOR es paz»; Dios es tu paz. Agradécele por la calma interior y la seguridad que te da.

- *Jehová Jireh* significa «el SEÑOR proveerá»; Dios es tu proveedor. Agradécele por la forma en que satisface tus necesidades.

Nehemías también nos enseñó a hablar acerca de los detalles mientras agradecemos. *Saca tiempo para deleitarte en los detalles* mientras alabas a Dios. Los salmos 103–105 ofrecen grandes ejemplos de cómo hacer esto. En estos salmos, aprendemos a hablar con Dios acerca de los detalles de nuestra salud y a agradecerle por la sanación que nos brinda. También vemos cómo agradecer por la provisión de detalles de Dios, como el aire para respirar y el sol en el cielo. ¿Cuándo fue la última vez que agradeciste a Dios por el sol? ¿Cuándo fue la última vez que agradeciste a Dios por tener suficiente aire para respirar? Cuando comienzas a agradecer a Dios por los detalles, hay una oferta interminable de cosas por las cuales puedes agradecer.

También aprendimos de Nehemías a hablar del corazón de una persona mientras expresamos nuestro agradecimiento. Al expresar tu agradecimiento a Dios, no le hables únicamente de lo que ha hecho por ti; agradécele por su carácter: «Dios, gracias por ser el Dios de la paz». «Gracias por la belleza maravillosa que creas». «Dios, tu poder es muy superior a lo que jamás podría imaginar». «Gracias por ser un Dios tan cariñoso y amoroso». Sacar tiempo para *agradecer a Dios por lo que es, además de lo que ha hecho*, es algo muy saludable en términos espirituales.

Finalmente, Nehemías ejemplificó para nosotros la idea de usar un sistema para acordarnos de agradecer. Tener un detonante que les recuerde alabar a Dios es algo que ayuda a muchas personas. Algunos usan una moneda especial que guardan en el bolsillo o bolso; otros utilizan algún tipo de pulsera. Durante muchos años, he animado a la gente a programar su alarma telefónica basándose en su fecha de nacimiento como un mensaje para alabar a Dios. Si naciste el 23 de enero, programa una alarma para la 1:23. ¡Podrías programarla para la 1:23 a.m. si eres increíblemente espiritual! Sin embargo, para la mayoría de nosotros funcionaría mejor a las 1:23 p.m., poco después del almuerzo. Cuando oigas el sonido de la alarma, recuerda sacar un momento para agradecer a Dios.

A medida que llegamos al final del capítulo, permíteme recordarte que no tendrás la energía que necesitas para recomponer algo aparte del estímulo que brota de tus agradecimientos a los demás y a Dios. Las personas ingratas permanecen atascadas donde están; las personas agradecidas avanzan hacia las bendiciones de Dios. Es así de simple.

Saca unos momentos antes de pasar al siguiente capítulo para agradecer una vez más a Dios:

Padre, te doy gracias. Gracias por lo que eres: el Dios impresionante, el Dios todopoderoso, el Dios por encima de todo, y el Dios en quien puedo confiar en cada circunstancia. Gracias por lo que has hecho: la provisión y la paz, el cuidado y la guía, y el amor que muestras todos los días. Antes de agradecer a alguien te agradezco a ti. Además de mi agradecimiento a ti, oro por la gracia de mostrar agradecimiento a los que me rodean. En el nombre de Jesús, te doy las gracias. Amén.

AGRADECER A OTROS:
Mis primeros pasos

SÉ ESPECÍFICO EN TU AGRADECIMIENTO

¿A quién necesitas agradecer específicamente, y qué necesitas agradecer específicamente?

SÉ SENSIBLE EN TU AGRADECIMIENTO

¿Cómo puedes expresar tu agradecimiento de manera más enfática viendo el corazón en lo que ha hecho alguien o reconociendo su esfuerzo adicional?

¿Hay un líder al que necesites expresar tu agradecimiento?

SÉ MINUCIOSO EN TU AGRADECIMIENTO

¿Qué plan implementarás para mantener el agradecimiento como parte regular de tu vida?

Coge el teléfono en este momento o escribe una nota —antes de hacer cualquier otra cosa— para expresar tu agradecimiento a alguien.

Capítulo 4

ESPERA Y RECHAZA LA OPOSICIÓN

Nos enfrentamos a cuatro armas comunes de la oposición y tenemos cuatro pasos comprobados para la victoria

La mente es la modalidad de ataque preferida por el diablo.
Billy Graham

Estar obsesionado con Dios es tener una barricada efectiva contra todos los asaltos del enemigo.
Oswald Chambers

Pelea la buena batalla de la fe.
1 Timoteo 6.12

Eric Munyemana no sabía a los diecinueve años, mientras conducía a la escuela con su padre, que estaba a punto de ser parte de la rara oportunidad de reconstruir a un país entero. Eric y su familia vivían en Burundi entre miles de ruandeses de la tribu tutsi que llevaban varias décadas en el exilio. Una política del gobierno de Ruanda abrió la puerta a la discriminación sistemática y al asesinato de los habitantes de origen tutsi.

Eric oyó en la radio la noticia de que había comenzado una ofensiva contra los que atacaban y mataban a los de su tribu y que permanecían en Ruanda. Estos ataques se convertirían trágicamente en el genocidio de 1994 contra los tutsis de Ruanda. Fue un período de cien días en el que casi un millón de ruandeses perdieron la vida.

Eric vivía en relativa comodidad en Burundi. Su familia tenía recursos, y podía ir a la universidad y esperar una carrera. Pero no podía sacarse el reportaje de su mente. Convenció a dos primos para que se unieran a él, y para evitar que sus padres les rogaran que no fueran, vendieron todo lo que tenían para comprar tiquetes de avión y unirse a los combates tan pronto como fuera posible.

Eric y sus primos abandonaron Burundi para unirse al Frente Patriótico Ruandés en noviembre de 1990 en una guerra que se prolongaría hasta julio de 1994, cuando el genocidio cesó.

En las décadas desde entonces, Eric ha estado involucrado en la reconstrucción de Ruanda a través de su trabajo en los negocios y luego en la iglesia.

He hecho numerosos viajes a Ruanda desde 2004 –nuestra hija Alyssa vivió casi tres años allí ayudando a las iglesias– y he visto enormes avances en la reconstrucción. Los cambios en la infraestructura del país son dramáticamente evidentes con cada visita. El fortalecimiento de las iglesias, las empresas, el gobierno y las familias es aún más llamativo.

Sin embargo, la oposición apareció a lo largo del camino. Incluso después de que las batallas militares terminaron, los ataques continuaron en formas diferentes. Siempre que estés reconstruyendo, habrá oposición.

A veces, como ocurrió en Ruanda, es obvio que habrá una batalla antes de la victoria. Más a menudo, nos sorprende que todo el mundo no nos estaría animando en la lucha hacia un objetivo tan loable como la restauración de un matrimonio o un negocio. Aún más impactante es el conflicto *interno* de luchar contra un cambio positivo.

Debido a que puede sorprendernos, tal vez sería bueno sacar un momento para mirar honestamente por qué existe la oposición. Enfrentamos la oposición al dedicarnos a la labor encomiable de reconstruir porque vivimos en un mundo malo. No necesitamos un ensayo de mil palabras sobre la realidad del mal para saber que esto es cierto. Leer las noticias diarias nos ofrece todas las pruebas que necesitamos.

La oposición a la labor encomiable de la reconstrucción surge a partir de este mal. A veces la combatimos en nosotros mismos; otras veces la combatimos en otros. Nuestra resistencia a comenzar de nuevo puede provenir de heridas profundas que nos causaron inseguridad. La negatividad de nuestros amigos hacia nuestros esfuerzos puede provenir de sentimientos de culpa por algo que no trabajaron para restaurar. En cualquier caso, la raíz del problema es el mal.

Cualquier cosa que queramos construir, siempre hay gente que quiera derribarla. *¿Por qué?*

Una razón es simplemente porque es más fácil. Es más fácil ser crítico que actuar. Es más fácil romper algo que construir algo.

Mientras reconstruíamos nuestra casa después de una inundación, fue mucho más fácil arrancar el panel empapado de agua que instalar el nuevo. Le dábamos un martillo a las personas que venían a ayudar y les decíamos que entraran a una habitación y derribaran todos los paneles. Se divirtieron tanto que los oíamos gritar.

Cuando entramos a la habitación, de repente tuvieron que parecer tristes de nuevo porque era nuestra casa la que había sido destruida. Pero después de salir de la habitación, pronto oímos los gritos de excitación empezar de nuevo. Comprendí su disfrute. Es divertido derribar cosas. Es divertido por un momento, pero no estás construyendo nada. Las personas que las derriban lo hacen porque es divertido para ellas, porque les hace sentir que están haciendo algo.

La acción siempre atrae a los críticos. El famoso predicador Harry Ironside solía decir: «Dondequiera que haya luz, habrá bichos».[7] Personas que te molestan.

Nehemías ofrece algunos de los mejores consejos que encontrarás en cualquier lugar sobre cómo manejar la oposición. Se han escrito muchos libros de negocios sobre lo que Nehemías enseña aquí acerca de cómo manejar la oposición. Vemos en la experiencia de Nehemías cuatro grandes armas de la oposición que atentan contra nosotros cuando estamos trabajando para hacer algo bueno, y cuatro maneras de disipar esas armas. Esta es la oposición para la cual debemos estar listos mientras nos enfrentamos a cualquier cosa que necesitemos recomponer.

---

7. Citado en Chuck Swindoll, *Laugh Again* (Nashville: Nelson, 1995), p. 180.

EL RIDÍCULO

La primera arma de aquellos que quieren derribarnos es el ridículo.
Lee Nehemías 4.1–3:

> Cuando Sambalat se enteró de que estábamos recons-
> truyendo la muralla, se disgustó muchísimo y se burló de
> los judíos. Ante sus compañeros y el ejército de Samaria di-
> jo:—¿Qué están haciendo estos miserables judíos? ¿Creen
> que se les va a dejar que reconstruyan y que vuelvan a ofrecer
> sacrificios? ¿Piensan acaso terminar en un solo día? ¿Cómo
> creen que de esas piedras quemadas, de esos escombros, van
> a hacer algo nuevo?
>
> Y Tobías el amonita, que estaba junto a él, añadió:
> —¡Hasta una zorra, si se sube a ese montón de piedras, lo
> echa abajo!

Sambalat y Tobías eran la oposición. Eran líderes en la tierra
antes de que Nehemías llegara. Si a Nehemías se le permitía reconstruir la muralla, Sambalat y Tobías perderían su poder porque la
ciudad tendría una nueva fortaleza. Así que comenzaron una cam-
paña de oposición, empezando con palabras de ridículo.

Cuando se quiere reconstruir, las bromas y las risas son armas
primarias en el arsenal de los oponentes. Estas armas efectivas a
menudo constituyen la primera oleada del ataque. Le dices a la gente
que quieres reenergizar tu carrera, y les parece un objetivo fácil de
atacar. Lo llaman humor, pero es el ridículo. Se encuentra en frases
tales como: «¿*Cuál* carrera, friendo hamburguesas?», o «Como *si eso
fuera a* pasar».

Hay una diferencia enorme entre la risa genuina y el ridículo. La risa genuina puede elevarnos; el ridículo nos degrada. La risa nos ayuda a relajarnos; el ridículo nos hace querer renunciar. La risa es sanadora; el ridículo es un arma. La risa está con nosotros; el ridículo está en contra de nosotros.

El ridículo proviene de tener una perspectiva equivocada. Observa que Sambalat y Tobías la llamaron la muralla *de los judíos*, y no la muralla de Dios. Estaban viendo las cosas desde una perspectiva meramente humana. Ellos vieron la muralla simplemente como una mala idea de Nehemías que afectaría negativamente sus vidas. La perspectiva humana siempre ridiculizará los pasos de la fe. Debido a que la fe no puede darse desde una perspectiva humana, es una de las cosas más fáciles de ridiculizar.

Los reconstructores deben tener la piel gruesa porque enfrentarán el ataque. Ese ataque puede ser de un individuo, y también puede venir desde dentro. Uno de los nombres de Satanás en la Biblia es «el acusador» (Apocalipsis 12.10). A él le encanta ridiculizar nuestra fe. Y enviará un pensamiento cuando queramos renovar nuestra fe, una relación, un ministerio o un sueño.

Satanás no es creativo. Con él, casi siempre es el mismo pensamiento: *¿Quién crees que eres? Has fracasado con tanta frecuencia, no has seguido adelante, te has decepcionado en las relaciones. ¿Quién crees que eres para poder tener el tipo de fe que podría cambiar algo?*

Nehemías nos enseña que, para desactivar el arma del ridículo, debemos elegir *redirigir nuestros pensamientos*. Si nos centramos en el ridículo, seremos atraídos hacia él como si cayéramos en un pozo profundo. En cambio, redirigimos nuestros pensamientos. La clave de esto es la oración: dejar de pensar en el enemigo y volver a Dios hablando con él acerca de ello.

No pienses que hablar con Dios debe comenzar con alguna expresión profundamente espiritual de amor y sabiduría. Nehemías comienza diciéndole a Dios lo que sucedió y cómo se siente al respecto:

> ¡Escucha, Dios nuestro, cómo se burlan de nosotros! Haz que sus ofensas recaigan sobre ellos mismos: entrégalos a sus enemigos; ¡que los lleven en cautiverio! No pases por alto su maldad ni olvides sus pecados, porque insultan a los que reconstruyen.
>
> Continuamos con la reconstrucción y levantamos la muralla hasta media altura, pues el pueblo trabajó con entusiasmo.
>
> **Nehemías 4.4–6**

Uno de los descubrimientos más refrescantes sobre la oración es que no tenemos que tener todo resuelto antes de hablar con Dios. La oración que redirige nuestros pensamientos comienza diciéndole a Dios en dónde estamos ahora, incluyendo expresiones de ira y decepción. Cuando le decimos a Dios lo que estamos sintiendo, él es capaz de redirigir nuestro pensamiento. Los salmos están completamente llenos de este tipo de oraciones.

Cuando ocultamos nuestros sentimientos detrás de un velo de frases que parecen espirituales, terminamos de orar en el mismo lugar en que comenzamos. Por supuesto, Dios sabe siempre lo que estamos sintiendo, pero es nuestra expresión de esos sentimientos hacia él lo que nos lleva a comenzar a adquirir su perspectiva.

A través de su oración, Nehemías decide redirigir sus pensamientos y ver el ridículo desde la perspectiva de Dios. Aparte de la perspectiva de Dios, incluso en las victorias aparentes, todavía estamos enfocados en demostrar a quienes nos han ridiculizado que están equivocados, lo cual es una estrategia perdedora, porque nuestro enfoque ha pasado de Dios a la gente.

En la oración, Dios trabaja a menudo para redirigir nuestros pensamientos de dos maneras muy importantes.

Primero, se nos recuerda que *la voluntad de Dios incluye la oposición*. Piensa en una época en la que comenzaste a hacer algo bueno y empezaste a experimentar la oposición. Es fácil empezar a sentir: *¿Por qué yo, Dios?* Solo estabas tratando de hacer lo correcto. ¿Por qué tendrías que enfrentarte a esto?

En la oración, comenzamos a mirar más allá de nosotros mismos y a darnos cuenta de que no somos los únicos que hemos enfrentado la oposición. De hecho, la Biblia nos dice que ciertamente enfrentaremos la oposición por nuestra fe: «Así mismo serán perseguidos todos los que quieran llevar una vida piadosa en Cristo Jesús» (2 Timoteo 3.12).

Jesús enfrentó la oposición, así que por supuesto enfrentaremos la oposición. La oración abre nuestros corazones a estas verdades. La voluntad de Dios incluye la oposición, y la voluntad de Dios no puede ser detenida porque algunas personas sean críticas al plan. En la oración, redirigimos nuestros pensamientos de *¿Por qué yo, Señor?* a: *Tú estás conmigo, Señor*.

Segundo, la oración nos ayuda a *reconocer la destructividad de la represalia*. La respuesta humana a la crítica suele ser la represalia. En la oración, podemos optar por dejar que Dios libre esas batallas. A Satanás no le encantaría nada más que distraernos de la reconstrucción que necesitamos emprender al atraparnos en una batalla que no es parte de la victoria. La represalia es una batalla que conduce cada vez a la derrota.

La reacción emocional a la crítica es la ira. No logramos elegir nuestras emociones. Si nos ridiculizan, solemos sentir cólera.

Podemos elegir lo que hacemos con esas emociones. Si en medio de ese enojo comenzamos a enfocarnos en demostrar que están equivocados en lugar de hacer lo que es correcto, nos encontraremos sin el tiempo y la energía que necesitamos para reconstruir.

Toma ese enojo, exprésalo a Dios y déjalo ir. La represalia siempre conducirá a la derrota; dejarla ir en presencia de Dios es lo que conduce a la victoria. Podrías necesitar orar ahora mismo:

Dios, quiero que mis pensamientos estén firmemente centrados en ti. En vez de recrear esa crítica a través de mi mente una y otra vez, la llevo a ti y la dejo ir. No quiero estar atrapado en demostrar que alguien está equivocado. Quiero estar atrapado en vivir la vida que tienes para mí. En el nombre de Jesús. Amén.

EL ATAQUE

El segundo tipo de oposición que enfrentaremos es el *ataque directo*. El ataque es cuando alguien emprende una acción para evitar que reconstruyamos. Cuando el sarcasmo y el ridículo no funcionan, la oposición a menudo pasa al ataque directo. Este ataque ocurre cuando es evidente que tenemos una oportunidad en el éxito. El éxito que nos energiza y nos estimula es una fuente de amenaza y temor para aquellos que no quieren que tengamos éxito.

En Nehemías 4.7, 8, leemos: «Pero, cuando Sambalat y Tobías, y los árabes, los amonitas y los asdodeos se enteraron de que avanzaba la reconstrucción de la muralla y de que ya estábamos cerrando las brechas, se enojaron muchísimo y acordaron atacar a Jerusalén y provocar disturbios en ella».

El ataque contra Nehemías es un recordatorio de dos verdades sobre la oposición.

Primera, *las personas ridiculizan una visión, pero tratan de destruir una realidad*. Cuando una visión se convierte en una realidad, la única manera de derrotarla es destruyéndola. Así que cuando te propones cambiar la cultura de una iglesia para estar más centrado en lo que ha perdido la comunidad, aquellos que no quieren que la iglesia cambie se burlan de ti en la cena del domingo. Pero cuando comienzas a llegar realmente a un número suficiente de personas para cambiar la iglesia, tratarán de removerte del liderazgo. Por supuesto, no dirán que es porque estás acudiendo a la gente por Cristo; eso suena tonto. Encontrarán algo más sobre ti o tu familia para atacar, fingiendo que *ese* es el verdadero problema.

La segunda verdad es esta: *el éxito inicial no silencia a la oposición; la intensifica*. Todos tenemos la esperanza de que quienes nos critican verán que teníamos razón cuando el éxito empieza a manifestarse. Soñamos con que llamen a la puerta de nuestra oficina y digan: «Tengo que admitirlo; siempre has tenido la razón». Esto sucede, aunque muy raramente. Más a menudo, el hecho de que nuestro plan para la empresa demuestre ser el correcto, hará que quienes no estén de acuerdo se sientan más amenazados e intensifiquen su ataque.

¿Qué haces cuando alguien te está poniendo problemas al tratar de derribar lo que estás construyendo? No puedes fingir que el ataque no es real. *Es* un ataque, y tiene el poder de destruir. Cuando te enfrentas a un ataque, la estrategia para el éxito es *reposicionar tus fuerzas*. Esto lo aprendemos en Nehemías 4.9: «Oramos entonces a nuestro Dios y decidimos montar guardia día y noche para defendernos de ellos».

Nehemías tomó a algunos de los constructores de murallas y los convirtió en guardias. Reposicionó sus fuerzas tomando los recursos que Dios le había dado y destinando algunos de ellos para derrotar a la oposición.

Él tuvo que hacer algunos cambios para que eso sucediera. Para derrotar a la oposición, a menudo tendremos que hacer algunos cambios. Muchas veces nos conformamos con la derrota y nos preguntamos por qué Dios no nos permitirá seguir adelante, simplemente porque no hemos considerado la posibilidad de hacer un cambio.

Recuerdo que hace muchos años, una familia de una iglesia anterior con la que éramos cercanos, nos llamó y nos dijo: «Estamos teniendo dificultades con nuestra hija, y nos preguntamos si podría vivir con ustedes en el verano. Necesitamos hacer un cambio para que no siga por el camino que está tomando». Ella vino a vivir con nosotros, y para su crédito, comenzó a ver la verdad de hacia dónde se dirigía e hizo un cambio enorme en el rumbo de su vida. Para obtener una perspectiva diferente, ella necesitaba hacer algo diferente.

Si tu negocio está bajo ataque, ¿qué cambios necesitas hacer? Tal vez necesitas reposicionar a algunos miembros de tu personal para responder positivamente a este desafío. Si estás bajo ataque espiritual, ¿qué cambios necesitas hacer? Puede que tengas que mantenerte alejado de ciertas personas o circunstancias. O puede que necesites comenzar a pasar más tiempo en la Palabra de Dios o conseguir un compañero para rendir cuentas y ayudarte en el camino.

Observa lo que sucede después en el relato de Nehemías sobre la oposición a la reconstrucción:

A partir de aquel día la mitad de mi gente trabajaba en la obra, mientras la otra mitad permanecía armada con lanzas, escudos, arcos y corazas. Los jefes estaban pendientes de toda la gente de Judá. Tanto los que reconstruían la muralla como los que acarreaban los materiales no descuidaban ni la obra ni la defensa. Todos los que trabajaban en la reconstrucción llevaban la espada a la cintura. A mi lado estaba el encargado de dar el toque de alarma.

Nehemías 4.16–18

Nehemías no dejó de construir para luchar contra el ataque. Si haces esto, terminarás pasando el resto de tu vida luchando contra el ataque y nunca volverás a construir. Nehemías había aprendido esta lección muy importante: *construyes mientras peleas*. Una de las formas en que tus enemigos te impiden construir es asegurándose de que estés totalmente atrapado en defenderte contra el ataque. ¡Cuando llegue el ataque, reposiciona tus fuerzas y sigue construyendo!

EL DESÁNIMO

En Nehemías 4.10–12, vemos una tercera clase de oposición a la que nos enfrentamos todos: *el desánimo*.

«Por su parte, la gente de Judá decía: "Los cargadores desfallecen, pues son muchos los escombros; no vamos a poder reconstruir esta muralla!". Y nuestros enemigos maquinaban: "Les caeremos por sorpresa y los mataremos; así haremos que la obra se suspenda". Algunos de los judíos que vivían cerca de ellos venían constantemente y nos advertían: "Los van a atacar por todos lados"».

La invitación a desanimarnos se hace cada vez más fuerte. Una actitud de desánimo es contagiosa. Si empezamos a escuchar, también sucumbiremos a ella. El ridículo y el ataque nos golpean desde fuera, y el desánimo desde dentro. Debido a esto, puede ser un enemigo mucho más destructivo.

Beth Moore escribe: «No te equivoques: la especialidad de Satanás es la guerra psicológica. Si puede volvernos contra Dios ("¡No es justo!"), volvernos contra los demás ("¡La culpa es de ellos!"), o volvernos contra nosotros mismos ("¡Soy tan estúpido!"), no nos volveremos contra él. Si seguimos luchando dentro de nosotros mismos y perdiendo nuestras propias batallas internas, nunca tendremos la fuerza para ponernos de pie y luchar contra nuestro verdadero enemigo».[8]

Una de las razones por las que el desánimo es tan invasivo se encuentra en esta sencilla verdad: siempre podrás encontrar una razón para desanimarte. Como personas imperfectas en un mundo imperfecto, es claro que hay razones que podemos decirnos a nosotros mismos de que cualquier proyecto o sueño no tiene ninguna posibilidad de éxito. En el caso de Nehemías, las razones eran muy pocas fuerzas, demasiados escombros y demasiados enemigos.

Nehemías 4.12 (RVA2015) dice: «Pero sucedió que cuando vinieron los judíos que habitaban cerca de ellos, nos dijeron diez veces: "De todos los lugares a donde se vuelvan, vendrán contra nosotros"». *En diez ocasiones,* le dijeron al pueblo que se desanimara. Las personas que te animan, por lo general, solo te lo dicen una vez; las personas que quieren desanimarte te lo siguen diciendo una y otra vez. *Diez veces:* parece más de lo que puedes soportar.

Tal vez estás enfrentando el desánimo en este momento. Sientes que nunca vas a triunfar sobre ese pecado o a comenzar a restaurar esa relación o a tener un gran negocio o ministerio. Nehemías nos

---

8. Beth Moore, *Believing God* (Nashville: Broadman & Holman, 2004), pp. 227–28 [*Creerle a Dios* (Nashville: Broadman & Holman, 2004)].

enseña que la respuesta al desánimo es *restaurar nuestra confianza*. Hacemos esto confrontando el desánimo frontalmente con un arma más poderosa. ¿Qué es más poderoso que el desánimo? ¡El ánimo! Este vencerá al desánimo en cada ocasión.

Mira lo que sucede a continuación en el relato de Nehemías:

> Así que puse a la gente por familias, con sus espadas, arcos y lanzas, detrás de las murallas, en los lugares más vulnerables y desguarnecidos. Luego de examinar la situación, me levanté y dije a los nobles y gobernantes, y al resto del pueblo: «¡No les tengan miedo! Acuérdense del Señor, que es grande y temible, y peleen por sus hermanos, por sus hijos e hijas, y por sus esposas y sus hogares».
>
> **Nehemías 4.13, 14**

Nehemías opta por alentar a la gente de dos maneras específicas: a través del servicio y a través de la adoración.

Primero, *los alentó a través del servicio*. Los distribuyó por familias para custodiar las murallas. Los involucró en la respuesta a su desánimo. Una de las mejores maneras de atacar el desánimo es buscar a alguien a quien servir.

La restauración de tu confianza nunca ocurre al centrarte en ti mismo. Es posible que tengas que trabajar un poco con un consejero si tienes depresión; ese es un punto de partida importante para muchos de nosotros. Pero al final, la restauración del desánimo aumenta solo cuando descubres nuevamente que puedes servir a los demás.

Dios nos creó para servir. Al distribuir a la gente por familias, Nehemías los hizo servir juntos para que pudieran animarse unos a otros mientras llevaban a cabo la obra. Una de las claves para derrotar el desánimo es encontrar un lugar para servir.

Lo segundo que hizo Nehemías fue *animarlos a recordar y adorar al Señor*. Restaurar nuestra confianza nunca ocurrirá por el hecho de mirar nuestras circunstancias. Como vimos antes, las circunstancias no son una fuente segura de confianza porque siempre están cambiando.

No se puede confiar en las circunstancias, pero siempre se *puede* confiar en Dios. Sigue confiando en él, independientemente de las circunstancias, como tu fuente de confianza. Tal como lo describió Corrie ten Boom: «Cuando un tren pasa a través de un túnel y todo se oscurece, no arrojes tu boleto ni saltes. Siéntate y confía en el ingeniero».[9] Acuérdate del Señor y adóralo, porque él es grande y estupendo. De ahí vendrá tu confianza.

Uno de los momentos más desalentadores de mi vida sucedió mientras Chaundel y yo esperábamos para ser padres. Habíamos estado casados durante seis años y lo habíamos estado intentando desde tiempo atrás. Cuando fuimos al médico para las pruebas, nos dijeron que no podríamos tener hijos.

Quedamos devastados. Ser padres era uno de nuestros mayores sueños. Nuestros recursos financieros eran limitados, por lo que la adopción parecía fuera de nuestro alcance. Todavía puedo recordar claramente los tiempos en que dejé que mi mente se anegara en el desaliento de un sueño incumplido.

Y un día comprendí. Dios había puesto ese sueño en nuestros corazones. Podía llevárselo si quería, pero hasta que lo hiciera, podíamos confiar en él para cumplir de alguna manera lo que había puesto en nuestros corazones. Mi mente empezó a pasar del desánimo a la adoración al reconocer que yo podía descansar en el amor de Dios y confiar en él en todo.

---

9. Corrie ten Boom, *Jesus Is Victor* (Grand Rapids: Revell, 1984), p. 183.

A medida que hemos acompañado a las familias a través de la infertilidad a lo largo de los años, hemos visto a Dios obrar poderosamente a través de nuevas direcciones de vida, tratamientos de infertilidad y adopciones. En nuestro caso, su respuesta fue darnos un hijo milagrosamente, y luego dos y tres. Ryan, Alyssa y Lucas nos proporcionan una poderosa evidencia de que incluso en medio de nuestro desaliento, Dios está obrando y podemos confiar en él.

Saca un momento para hablar con Dios acerca de tu desánimo.

Señor, no quiero vivir desanimado; quiero vivir animado. Así que te pido tu aliento ahora mismo. Te ruego que me muestres un lugar para servir. Y aunque no me sienta así, dame fuerzas para servir.

Señor, dame el corazón para verte, para recordarte y para adorarte. Eres un Dios grande y asombroso. Eres un Dios que me ama y un Dios que me alentará en todo y en cualquier cosa. Oro en el nombre de Jesús. Amén.

LA DISTRACCIÓN

Cuando la oposición del ridículo, el ataque o el desánimo no nos derrota, hay una cuarta estrategia que trabaja silenciosamente contra nosotros: *la distracción.* Con frecuencia nos encontramos luchando duramente para alcanzar la victoria, solo para permitir que algo nos distraiga de la consecución de esa victoria. Una vez que comenzamos a tener éxito, Satanás no quisiera nada más que distraernos de ese éxito. Podríamos hablar de cientos de tipos de distracción, desde lo obviamente malo hasta lo aparentemente bueno.

Nehemías nos enseña cómo enfrentar al enemigo de la distracción: *recordando tus prioridades*. Lo contrario de la distracción es el enfoque, y cuando nos enfocamos en lo que es importante, las distracciones tienden a desaparecer. Nehemías luchó contra tres grandes distracciones que enfrentaremos todos.

Primero está la distracción de las *falsas oportunidades*. En Nehemías 6.1, 2, leemos estas palabras:

Sambalat, Tobías, Guesén el árabe y el resto de nuestros enemigos se enteraron de que yo había reconstruido la muralla, y de que se habían cerrado las brechas (aunque todavía no se habían puesto las puertas en su sitio). Entonces Sambalat y Guesén me enviaron este mensaje: «Tenemos que reunirnos contigo en alguna de las poblaciones del valle de Ono». En realidad, lo que planeaban era hacerme daño.

Nehemías fue tentado a distraerse por esta oportunidad de hacer bien las cosas con sus enemigos. Parecía una oportunidad maravillosa, pero era una falsa promesa. Estaban usando la promesa como un cebo para llevarlo a un lugar donde pudieran hacerle daño. La lección importante aquí es que toda promesa de algo bueno no lo es. A veces es la distracción de una oportunidad falsa. Quienes se oponían a Nehemías lo invitaron a las llanuras de Ono, y como han notado muchos predicadores, ¡dijo no a Ono con sabiduría!

En 6.3, Nehemías escribe: «Así que envié unos mensajeros a decirles: "Estoy ocupado en una gran obra, y no puedo ir. Si bajara yo a reunirme con ustedes, la obra se vería interrumpida"». Nehemías vio de inmediato que una reunión sería una pérdida de tiempo. Su proyecto era reconstruir la muralla, no entablar conversaciones políticas con estos enemigos. No sucumbió a la tentación

99

de la falsa promesa, porque él conocía sus prioridades. Dijo que no, y siguió diciendo que no.

Cuando empiezas a reconstruir una relación, puede perfectamente venir alguien con una falsa promesa de una mejor relación. ¡Di que no! Cuando tu negocio comienza a tener éxito otra vez, alguien puede distraerte con la promesa de un día de pago más rápido. ¡Di que no! Cuando ves el lugar del ministerio en el que Dios quiere que trabajes a continuación, casi siempre habrá una oferta de algún lugar donde la hierba parece que será más verde. ¡Di que no!

Una de las claves para decir no a las falsas oportunidades que se nos presentan es el desinterés. Si siempre estamos persiguiendo lo que sería interesadamente mejor para nuestras cuentas bancarias o nuestros egos, nos encontraremos sucumbiendo a las falsas promesas por el resto de nuestras vidas. La mejor protección contra el hecho de distraernos por las falsas oportunidades es con un corazón para servir a Dios y a los demás.

En segundo lugar, sus oponentes tratan de distraer a Nehemías por medio de chismes:

> La quinta vez Sambalat me envió, por medio de uno de sus siervos, el mismo mensaje en una carta abierta, que a la letra decía: «Corre el rumor entre la gente –y Guesén lo asegura– de que tú y los judíos están construyendo la muralla porque tienen planes de rebelarse. Según tal rumor, tú pretendes ser su rey, y has nombrado profetas para que te proclamen rey en Jerusalén, y se declare: "¡Tenemos rey en Judá!". Por eso, ven y hablemos de este asunto, antes de que todo esto llegue a oídos del rey».
>
> **Nehemías 6.5–7**

Aquí vemos algunas de las frases favoritas de aquellos que chismorrean: «corre el rumor», y «Gesén lo asegura». El cotilleo es un pecado horrendo que destruye amistades, familias, negocios e iglesias. Parece un pecado muy inocente, pero hay una razón por la que se enumera junto con la avaricia, la depravación y el asesinato en Romanos 1.29. Los enemigos de Nehemías están tratando de usar los chismes para distraerlo y destruir lo que él está construyendo. A los chismosos les encanta destruir lo que otros están construyendo. Les da una sensación retorcida de poder.

Nehemías evitó la distracción cuando se enfrentó a los chismes diciendo simplemente la verdad y siguiendo adelante. No sé de una mejor respuesta a un chismoso en toda la literatura que la respuesta que da Nehemías en 6.8: «Yo envié a decirle: "Nada de lo que dices es cierto. Todo esto es pura invención tuya"».

¡Tienes que amar esta respuesta! Es el comentario más refrescante que puedas hacer sobre los chismes. Simplemente dices la verdad y luego te olvidas del rumor. Es así como debes lidiar con los chismes. No intentas responder al chismoso o defenderte contra todo lo que está diciendo. Él solo inventará más chismes. Solo trata de distraerte. Satanás está tratando de distraerte de lo que Dios está haciendo.

La tercera forma en que los oponentes tratan de distraer a Nehemías es a través del *miedo*: «Fui entonces a la casa de Semaías, hijo de Delaías y nieto de Mehitabel, que se había encerrado en su casa. Él me dijo: "Reunámonos a puerta cerrada en la casa de Dios, en el interior del templo porque vendrán a matarte. ¡Sí, esta noche te quitarán la vida!"» (Nehemías 6.10). Suena casi ridículo cuando lo leemos ahora, pero para Nehemías, fue ideado para despertar miedo en el momento de la victoria.

A menudo nos enfrentamos al temor interior de que fracasaremos justo antes de cruzar la meta. Esta distracción puede acudir a tu mente sin que nadie más tenga que decir una palabra. Te preguntas quién crees que eres para poder lograr esto. Te dices que has fracasado antes, y que también fracasarás esta vez. Piensas, *¿qué pasa si algo sale mal ahora que ya estamos casi allá?* Podemos convertirnos en nuestro peor enemigo en esta distracción del miedo.

Cuando nos enfrentamos a la distracción del miedo, recordamos nuestras prioridades al reconocer que Dios tiene prioridad sobre cualquier temor, porque es más grande que todo temor. Aprendemos del ejemplo de Nehemías en 6.11–13:

> Pero yo le respondí: «¡Yo no soy de los que huyen! ¡Los hombres como yo no corren a esconderse en el templo para salvar la vida! ¡No me esconderé!». Y es que me di cuenta de que Dios no lo había enviado, sino que se las daba de profeta porque Sambalat y Tobías lo habían sobornado. En efecto, le habían pagado para intimidarme y hacerme pecar siguiendo su consejo. De este modo podrían hablar mal de mí y desprestigiarme.

Los opositores querían poder decir que Nehemías tenía miedo y estaba escondido mientras les pedía a todos los demás que se arriesgaran. Estaban tratando de desacreditarlo como líder. Nehemías se mantuvo concentrado al no esconderse debido a su miedo.

Si lo que temes es real, entonces lidia con ello. Si es una sensación de miedo que no puedes identificar con ninguna causa real, entonces recházala. Lo último que debes hacer es esconderte de tus miedos. Cada vez que nos escondemos de un miedo, este se hace más fuerte. Cuando enfrentas un miedo, lidias con él y lo compartes, este pierde su poder.

Nehemías decidió que su *confianza en Dios* determinaría sus acciones, no su miedo. Sabía que no era el tipo de persona que iba a correr al templo para salvar su vida mientras todos los demás arriesgaban las suyas. Era el tipo de persona que iba a confiar en Dios en cada circunstancia. Empezó confiando en Dios y decidiendo seguir confiando en Dios. Por la gracia de Dios, cada uno de nosotros está destinado a ser ese tipo de persona.

Nehemías confió en Dios a través de todas las oposiciones contra él, y el resultado se registra en 6.15, 16: «La muralla se terminó el día veinticinco del mes de *elul*. Su reconstrucción había durado cincuenta y dos días. Cuando todos nuestros enemigos se enteraron de esto, las naciones vecinas se sintieron humilladas, pues reconocieron que ese trabajo se había hecho con la ayuda de nuestro Dios».

En lugar de perder su confianza, Nehemías la *restauró*. Cuando restauró su confianza, todos sus enemigos perdieron su confianza. Dios quiere que experimentes este tipo de victoria en tu reconstrucción.

Mientras hablaba con Eric Munyemana sobre la oposición que enfrentaron en la reconstrucción de Ruanda, me sorprendió su cercanía con las batallas que enfrentó Nehemías.

Su batalla también comenzó con el *ridículo*. En Ruanda, el ridículo se dio en los medios de comunicación en lo que se conoció como «los discursos del odio» en las estaciones de radio y televisión.. Los enemigos de Nehemías degradaron a su pueblo como un grupo de judíos pobres y débiles. Los ruandeses atacados fueron llamados cucarachas. El ridículo se utilizó para hacer que sus vidas parecieran como si no valieran nada. Habrían perdido la batalla desde el principio si no hubieran encontrado el coraje de rechazar este discurso de odio.

Ese ridículo se convirtió en *ataque* cuando algunos miembros de la mayoría hutu comenzaron a matar a otros de la minoría tutsi. Esta pérdida de vidas fue racionalizada por los pensamientos de los enemigos como «menos que humanos». Una vez que comenzaron los ataques, las fuerzas en los países vecinos tuvieron que ser *reposicionadas* para luchar en Ruanda si querían alcanzar la victoria.

A medida que transcurría la batalla, los atacados tuvieron que lidiar con la posibilidad del *desánimo*. El ejército ya no combatía cada día, y había largas caminatas en las que la gente llevaba cargas pesadas sobre sus cabezas para llegar a lugares donde pudieran proteger a la gente de nuevos ataques.

Eric había dicho que como un joven que había crecido en un entorno cómodo, se había familiarizado con los retos diarios de la falta de alimentos, agua, duchas y baños. En aquellos tiempos veía el poder de los líderes compasivos para alentar, incluso en medio de circunstancias desalentadoras, al recordar a los soldados el propósito de su lucha.

Por último, en los años transcurridos desde el genocidio, han ocurrido muchas batallas con la *distracción*. Eric observó que, en el fragor de la lucha, todos trabajaban juntos en una unidad desinteresada. Cuando la batalla terminó, los egos comenzaron a surgir de nuevo, así como la tentación intensa de quedar atrapados en la ira por aquellos que habían perdido sus vidas.

Sabiendo que la ira solo traería el mismo ciclo de odio que había causado el genocidio, Ruanda eligió perdonar como nación. Como líder de la iglesia, Eric pudo ver que la gente estaba hambrienta por el mensaje del perdón de Dios hacia ellos, y luego por su propio perdón hacia los demás. El perdón era la única salida, el único camino hacia delante.

Uno de los lugares donde se ofreció este perdón fue en el Gacaca, el sistema judicial local de justicia comunitaria. *Gacaca* significa un «hierba», donde la gente se había encontrado históricamente para resolver las disputas de la aldea. Con más de cien mil personas acusadas de participar en los asesinatos, habría tomado décadas para que un sistema judicial tradicional se encargara de los juicios.

Los tribunales gacaca fueron utilizados para celebrar los juicios, principalmente de aquellos dispuestos a confesar sus crímenes. En estos tribunales, miembros regulares de la comunidad sirvieron como abogados y testigos. Los jueces de gacaca fueron elegidos de todas las comunidades de Ruanda por su integridad.

Los agresores fueron llamados ante los tribunales para explicar sus acciones, admitir sus crímenes y pedir perdón. Este proceso informó a los supervivientes sobre lo que les ocurrió a los miembros de la familia, y fue importante para evitar un período prolongado de retribución. El objetivo de los tribunales era tanto la justicia como, más importante aún, la reconciliación.

La tradición que rodeaba a este tribunal había sido beber juntos al final de las discusiones como una señal de reconciliación. A partir de esa tradición surgió la ofrenda comunitaria de perdón a los autores del genocidio, aun cuando estaban siendo sentenciados.

Como le he escuchado a Eric y observado personalmente a través de los años, este proceso de pedir y ofrecer perdón es la clave más importante para la reconstrucción de Ruanda. Al margen del perdón, siempre quedamos atrapados en nuestro pasado. Solo mediante el perdón somos capaces de ver los propósitos de Dios para nuestro futuro.

La falta de perdón siempre nos alejará de nuestras prioridades y propósitos, y nos conducirá a la vergüenza o amargura del pasado. Puede que necesites un tipo personal de reunión de los tribunales gacaca con Dios en este momento, en el que establezcas o restablezcas dos cosas en tu corazón: (1) eres perdonado, y (2) puedes perdonar.

Eres perdonado. Si no estás seguro de ser perdonado, puedes estarlo ahora mismo. Esto es porque el perdón no se basa en lo que has hecho o puedes hacer, sino en lo que Jesús hizo por ti en la cruz. El perdón es un regalo, por lo que es imposible de obtener.

Ofrece una oración ahora mismo:

Jesús, gracias por pagar el precio por las cosas equivocadas que he hecho al morir en la cruz. Lamento mis pecados y quiero vivir el tipo de vida que me creaste para vivir. Acepto el regalo del perdón que me ofreces. Personalizo lo que dices en 1 Juan 1.9. Cuando confieso mis pecados, puedo saber que los perdonarás, porque puedo confiar en que haces lo que es correcto. Me limpiarás de todos los males que he cometido.

Puedes perdonar. En la gracia del perdón de Dios hacia ti, puedes encontrar la fortaleza para perdonar a los demás. Recuerda que el perdón no significa que no recordarás lo que sucedió. No significa que no haya consecuencias para el daño que te hicieron. Los asesinos perdonados en Ruanda fueron encarcelados por sus crímenes. El perdón significa simplemente que lo dejas en manos de Dios todopoderoso en lugar de aferrarte a la amargura.

Me doy cuenta de que estoy tratando con mucha brevedad el tema inmenso de perdonar a otros. Es posible que necesites leer algunos libros para trabajar en este proceso de perdón. *Perdonar y olvidar,* de Lewis B. Smedes, es un gran recurso entre muchos.[10] Perdonas, no por el bien del agresor, sino por el *tuyo*, de modo que la amargura oculta no erosione tu capacidad de experimentar el amor de Dios.

---

10. Lewis B. Smedes, *Perdonar y olvidar* (México, D. F.: Diana Booket, 2015).

Hay una última verdad sobre la oposición que no debemos perder de vista. La determinación humana no basta para derrotar a estos oponentes. La victoria sobre los oponentes proviene de nuestra *relación con Dios*. Nehemías ejemplifica la dependencia de Dios en cada punto de la batalla: él le habla a Dios en la oración, sigue a Dios en los cambios, escucha a Dios en su estímulo y vive las prioridades de Dios a través de la Palabra de Dios.

Si estás tratando de hacer esto solo, por supuesto que te sientes derrotado. Te sorprenderás por la diferencia que verás cuando comiences a apoyarte en la fortaleza de Dios en lugar de tratar de hacer cosas buenas para Dios basadas en tu propia fortaleza. A medida que confías en la fortaleza de Dios, cuando la renovación se haya completado, podrás contar una historia que le señale a la gente el Dios que te dio esta fortaleza.

ESPERA Y RECHAZA LA OPOSICIÓN:
Mis primeros pasos

¿ESTÁS ENFRENTANDO EL RIDÍCULO?

¿Cómo *redirigirás tus pensamientos*?

Comienza diciéndole honestamente a Dios todo lo que sientes acerca de la oposición que enfrentas.

¿ESTÁS ENFRENTANDO UN ATAQUE?

¿Cómo vas a *reposicionar tus fuerzas*?

Comienza por preguntarte qué cambios necesitas hacer a fin de prepararte para hacer frente a esta oposición.

¿ESTÁS ENFRENTANDO EL DESÁNIMO?

¿Cómo *restaurarás tu confianza*?

¿A quién de tus círculos puedes servir, aunque estés enfrentando el desánimo? ¿Posiblemente a alguien que también está enfrentando el desánimo?

Toma la decisión de seguir adorando con otros en la iglesia mientras enfrentas este desánimo.

¿ESTÁS ENFRENTANDO LA DISTRACCIÓN?

¿Cómo *recordarás tus prioridades*?

Pregúntate si hay cosas que te distraen de la prioridad de tus sueños acerca de lo que Dios está recomponiendo. Si eres especialmente valiente, pídele a algunos amigos que compartan contigo las distracciones que ven en tu vida.

¿Cómo podrían distraerte las falsas promesas, los chismes o el miedo?

Capítulo 5

CONSTRUYE A PARTIR DE TUS ÉXITOS

El éxito no es un pináculo en el cual apoyarte; es una base sobre la cual construir

La medida de nuestro éxito será la medida de nuestra capacidad de ayudar a otros.

F. B. Meyer

La fidelidad en las pequeñas cosas es una gran cosa.

San Juan Crisóstomo

David tuvo éxito en todas sus expediciones, porque el SEÑOR estaba con él.

1 Samuel 18.14

Conocí a Danny Duchene cuando un grupo de pastores de la Iglesia de Saddleback fue a ministrar a reclusos en la prisión de Jonestown, en el norte de California. Danny era uno de esos internos, y cumplía una sentencia a cadena perpetua por su participación en un doble asesinato a los dieciocho años.

Danny no creció en la cultura de pandillas de la ciudad, sino en el ambiente supuestamente seguro de los suburbios de una ciudad más pequeña. Esta es su historia en sus propias palabras:

Crecí en Redding, California, con mi madre, mi padrastro y cinco hermanos. Una cosa que recuerdo de mi infancia es que tenía mucha libertad para hacer lo que quisiera. Yo era un chico solitario, y en el cuarto grado, pasaba veranos enteros sin la compañía de nadie. Mis padres tenían buenas casas y autos, y crecí pensando que el propósito de la vida era tener cosas buenas.

Las posesiones se convirtieron en un sustituto de las relaciones amorosas... comencé a salir de fiesta los fines de semana y descubrí lo fácil que era hacer amigos porque tenía un auto y la libertad de organizar fiestas mientras mis padres estaban fuera.

Poco después de cumplir dieciséis años, regresé un día de la escuela y mis padres estaban sentados con un amigo con miles de dólares en efectivo distribuidos en la mesa de la cocina. Me dijeron que se iban a un viaje de negocios a Perú y que los vería en Navidad. Así que me quedé para cuidar a mi hermanito de dieciocho meses con la ayuda de algunos amigos de la familia.

Pero mis padres no regresaron de ese viaje. Más bien, en la víspera de Navidad de 1979, supe que mis padres habían sido arrestados en México por contrabando de cocaína. Esto fue una sorpresa total, pues mis padres no consumían drogas ni bebían.

La noticia de que mis padres estaban detenidos en otro país me llenó de miedo. Pero pronto mi miedo se convirtió en ira. Para hacer frente a todas las emociones dolorosas que sentí ese día de Navidad, me dirigí a un estacionamiento y me drogué en mi auto. Eso me dio un alivio temporal. Y recuerdo haberme comprometido a drogarme cada día.

No me di cuenta de que la decisión de sofocar mi miedo y mi ira, y de calmarme con las drogas se convertiría en una adicción que me encarcelaría mucho antes de ir a la cárcel... Me volví más y más impulsivo y caí en una espiral descendente de una mala decisión tras otra.

Empecé a cometer delitos para financiar mis hábitos de drogas... Había gente a mi alrededor que me amaba y trataba de ayudarme, pero rápidamente me volví adicto por mi manera de lidiar con toda mi soledad y mi dolor...

A medida que mis deudas se acumulaban, luchaba por mantenerme abastecido con una creciente necesidad de alcohol y drogas. Era imprudente y nunca me preocupaba por ser atrapado por mis crímenes, y ciertamente no consideré las consecuencias para otros. Solo pensaba en mí. Todo esto llegó a una crisis cuando hice parte de un crimen en el que dos hombres fueron asesinados.

Afortunadamente, fui arrestado rápidamente en septiembre de 1982, a lo que también llamé ser rescatado. Encerrado en una cárcel del condado antes de mi juicio, tardé cerca de tres semanas en renunciar a las drogas y al alcohol, pero una vez que me volví sobrio, todo el peso completo de mis crímenes aplastó mi conciencia.

Me sentí abrumado por la depresión y el remordimiento cuando comprendí a cuántas personas había lastimado. Creí que estaba perdido y que me iría al infierno, y estaba verdaderamente asustado.

Fue en mi punto más bajo que la misericordia de Dios apareció en mi vida. Dios comenzó a traer a muchos cristianos a verme, quienes compartieron conmigo el amor y la misericordia de Dios. Al principio, esta buena noticia me pareció fuera de mi alcance. Parecía increíble y demasiado bueno para ser cierto que Dios me amara y quisiera mostrarme misericordia después de todo lo que yo había hecho para lastimar a otros...

Pero el mensaje de la misericordia de Dios finalmente llegó a mí. Aprendí que Jesús podía darme un nuevo comienzo, cambiándome de adentro hacia afuera... Decidí abrir mi vida a Jesús y empezar a servirle con cualquier tipo de vida que me quedara. Y conociendo mis crímenes, no esperaba que el resto de mi vida fuera muy larga.

El 7 de noviembre de 1982, mientras esperaba mi juicio en una cárcel del condado, le pedí a Jesús que perdonara todos mis pecados, que entrara y que se hiciera cargo como el Señor de mi vida...

La Biblia dice en Romanos 5.20 que: «En lo que atañe a la ley, esta intervino para que aumentara la transgresión. Pero, allí donde abundó el pecado, sobreabundó la gracia». Y rápidamente crecí espiritualmente mientras estaba en la cárcel del condado. Tenía hambre de saber más acerca de este Dios que me había mostrado amor y misericordia, y yo quería que me usara, incluso en la cárcel.

Dios me bendijo generosamente con mentores, padres y madres espirituales que se tomaron el tiempo y me criaron en el Señor. En mi juicio, fui condenado y sentenciado a doble cadena perpetua por dos muertes. Y como un muchacho de diecinueve años, fui enviado a prisión de por vida en agosto de 1983, sin esperar ver nunca más el mundo exterior.

Pero me sentía agradecido de estar en Cristo y había sido liberado por dentro. Permítanme aclarar esto: nunca esperé que alguna vez me concedieran la libertad condicional, pero yo era libre.[11]

Me pareció sorprendente que Eric Munyemana, cuya historia vimos en el último capítulo, y que Danny, tuvieran diecinueve años cuando sus vidas cambiaron dramáticamente. Eric se dirigió heroicamente a la guerra, y Danny fue enviado trágicamente a prisión. Es un recordatorio de que, sin importar cuáles sean nuestras circunstancias, Dios está obrando en nuestras vidas para volver a unir las piezas de una manera que demuestra su poder.

Cuando todo parece juntarse, mira desesperadamente a Dios como el único que realmente puede construir lo que es grande. Cuando todo parece estar cayéndose a pedazos, mira desesperadamente a Dios como el único que puede reconstruir a partir de las ruinas de lo que se ha perdido.

---

11. «Pastor Danny Duchene's Message of God's Mercy at Saddleback Church», 2 abril 2016, www.youtube.com/watch?v=aVNuGvr48GQ (acceso 6 julio 2017).

Danny comenzó a construir su vida en la libertad que le había dado Cristo, incluso mientras estaba en prisión. Comenzó sirviendo a los internos en el ministerio y luego como maestro de la Biblia bajo la tutoría de su capellán.

Lo conocimos después de haber pasado veinte años en la cárcel porque había decidido iniciar grupos de «Una vida con propósito» en su prisión. Él soñaba con que se inscribieran cincuenta hombres; ¡pero lo hicieron doscientos! Estos doscientos hombres conformaron una iglesia, adorando juntos, reuniéndose cada semana en lo que llegaría a ser sesenta grupos pequeños y apoyándose mutuamente en sus experiencias para liberarse de sus adicciones en grupos de Celebración de la recuperación.

El impacto de esta iglesia dentro de una prisión fue tan dramático que el director no pudo dejar de notarlo. Las peleas en el patio de la prisión que conducían a los encierros pasaron de ocurrir con frecuencia a hacerlo en raras ocasiones. «¿Qué le has hecho a mi prisión?», preguntó el alcaide. Se difundieron noticias del ministerio, que llevaron al inicio de grupos de «Una vida con propósito» y «Celebración de la recuperación» en otras prisiones. Eventualmente, la historia ocupó la primera plana de *The New York Times*.

Nunca olvidaré cuando vi a Danny y a sus compañeros líderes durante nuestra visita a esta nueva iglesia mientras conducían a un grupo de unos cien hombres al centro del patio de la prisión. Estaban allí para expresar su intención de ser una iglesia en ese lugar. Los hombres se quitaron los zapatos para decir que incluso el patio de la prisión podía ser un terreno sagrado si estaba dedicado a Dios. Es arriesgado quitarse los zapatos en el patio, cuando puede haber una necesidad de pelear o de escapar en cualquier momento.

Entonces se volvieron hacia cada uno de los bloques de las celdas y gritaron juntos con energía: «Reivindicamos el Bloque de

Celdas A para los propósitos de Dios... Reivindicamos el Bloque de Celdas B para los propósitos de Dios». Un recordatorio de este día cuelga orgullosamente en mi pared en la forma de un certificado honorario de membresía en el Centro de la Hermandad Sierra Cristiana con un Propósito.

Estos hombres no estaban esperando edificar sobre la gracia que se les había dado en Jesucristo; comenzaron justo en donde estaban.

Más de una década después, Danny enfrentaría uno de sus mayores desafíos. Ocurrió en la forma de una bendición inesperada. Con una doble cadena perpetua, no tenía esperanza alguna de ser liberado de la cárcel. Pero basándose en su servicio a los demás durante toda su condena y en una carta de Rick Warren en la que expresaba su deseo de que trabajara con la Iglesia de Saddleback para ayudar a prisioneros de todo el país, Danny recibió la libertad condicional.

El desafío sucedió en lo que haría con esta libertad inesperada. Un sabio capellán le había dicho que podía abrumarse fácilmente con el número de decisiones que ahora tendría que tomar cada día. En la cárcel, lo que llevas, lo que comes y tu horario diario no eran decididos por ti. Él comparó esto con pasar de un pequeño estanque a un río turbulento.

Le pregunté a Danny qué lo mantuvo seguro en esta transición. Me dijo que había tres pilares. El primero era la prioridad de su amor por Cristo. En lugar de quedar atrapado en todas las nuevas oportunidades que tenía ahora, se comprometió a quedar atrapado en su adoración a Dios.

El segundo era su compromiso en servir a los demás. Ser liberado de la cárcel no significaba que lo liberaran del ministerio. Muy al contrario. El ministerio a otros que él había llevado a cabo en prisión para labrarse una vida exitosa sería lo que él hacía ahora en libertad.

El tercer pilar era lo que él llamaba «vivir mis reparaciones». Aunque él sabe que Cristo lo ha perdonado por sus crímenes, también sabe que hubo vidas que fueron devastadas. Él no puede reparar a aquellos cuyas vidas fueron arrebatadas, pero puede vivir sus reparaciones en la forma en que da a otros. Por medio de la gracia de Dios, él está pasando de su culpa hacia el amor y el ministerio.

Hoy, basado en ese corazón para el ministerio, Danny Duchene sirve en el personal de la Iglesia de Saddleback como el pastor que oficia la Celebración de la recuperación dentro de las paredes de la prisión. Él está construyendo su vida en el exitoso ministerio que inició mientras estaba en la cárcel.

LA ADMINISTRACIÓN DEL ÉXITO

Una de las preguntas clave en la vida tiene que ver con lo que haremos cuando alcancemos nuestros mayores éxitos, ya sea que ese éxito sea personal, relacional o vocacional. Esta es la pregunta que Danny tuvo que enfrentar cuando obtuvo su libertad condicional.

Podemos tratar el éxito de una de tres maneras: como un trofeo, como una amenaza o como un cimiento.

Podemos tratar un éxito como un trofeo. Déjalo en el estante para admirarlo, y morirá allí. Nada más saldrá de ese éxito. Cada vez más, se convertirá en una historia del pasado.

Podemos tratar un éxito como una amenaza. Somos más los que hacemos esto de lo que podrías pensar. Huimos de ese éxito porque comprendemos que traerá nuevas responsabilidades a nuestras vidas. Cualquier padre que no admita que a veces quiere huir de esa responsabilidad no es un padre honesto. Puede ser abrumador pensar, *tengo que criar a este ser humano.*

Podemos tratar un éxito como un cimiento. En lugar de tratar el éxito como un trofeo o una amenaza, podemos usarlo como un cimiento. Los éxitos suceden para que construyamos. Nuestro mayor éxito no es un pináculo en el cual apoyarte; es una base sobre la cual construir. Nuestros éxitos son una de nuestras mayores gestiones.

Nehemías tuvo un gran éxito; la reconstrucción de la muralla fue terminada. Mira nuevamente estos versículos que expresan el éxito: «La muralla se terminó el día veinticinco del mes de *elul.* Su reconstrucción había durado cincuenta y dos días. Cuando todos nuestros enemigos se enteraron de esto, las naciones vecinas se sintieron humilladas, pues reconocieron que ese trabajo se había hecho con la ayuda de nuestro Dios» (Nehemías 6.15, 16).

Detengámonos un momento y miremos de cerca tres cosas en estos versículos. Primero, nota cuánto tiempo tomó reconstruir la muralla: cincuenta y dos días. Una muralla que había estado reducida a escombros durante más de 140 años fue reconstruida en menos de dos meses. Ese es el tipo de milagro que Dios puede obrar cuando decidimos que queremos recomponer algo.

Miramos lo que necesitamos reconstruir y nos parece imposible porque todo lo que vemos son ruinas y escombros. ¡Los escombros son una mentira! Si todo lo que miramos son escombros, todo lo que estaremos viendo es la mentira. Nunca podremos reconstruir a partir de los escombros; solo podremos reconstruir a partir de los recursos de Dios. Cuando nos desviamos de lo que no podemos hacer y nos centramos en lo que Dios puede hacer, el cambio asombroso a menudo sucede mucho más rápido de lo que podríamos haber imaginado.

En segundo lugar, observa el resultado: los enemigos perdieron su confianza. Esta fue una gran victoria personal para Nehemías después de sus batallas con estos enemigos. Es un recordatorio para no escuchar la aparente confianza de alguien que se opone a nuestra fe. Su confianza se desvanecerá cuando vean lo que Dios puede hacer.

Por último, observa la referencia: capítulo 6, versículos 15 y 16. Hay 406 versículos en el libro de Nehemías: 119 antes de que la muralla sea terminada, y 285 después de que la muralla esté siendo terminada. ¡Cuando la muralla está terminada, a Nehemías le falta menos de la tercera parte para concluir su proyecto! Logró su mayor éxito, por lo que ahora tiene mucho trabajo por hacer. Se debía asignar gente para cuidar la muralla, y se necesitaban planes para revitalizar la ciudad dentro de la muralla.

Nehemías siguió reconstruyendo porque sabía qué hacer cuando la tarea inicial fuera completada. Su vida no se había convertido en la reconstrucción de la muralla. Él se mantuvo enfocado en que la muralla estaba siendo construida para un propósito, y comenzó a trabajar hacia el propósito de un lugar para que el pueblo de Dios adorara y viviera una vez que la muralla fuera reconstruida. Logró hacer cambios y comenzar a construir sobre el éxito para que el pueblo de Israel pudiera beneficiarse de ese éxito.

Construir a partir del éxito es la clave para sostener el éxito que nos da Dios. Entonces, ¿cómo hacemos esto? Muchos libros de negocios se han escrito sobre esto, y podemos aprender mucho de ellos. Nehemías muestra un buen sentido comercial en las decisiones que tomó, y lo hace con una mezcla de estrategia y dependencia espiritual de Dios que rara vez ha sido igualada. Hay cuatro lecciones que aprendemos de Nehemías para administrar nuestros éxitos.

Asegura tu inversión

El primer paso para construir a partir de nuestro éxito es *asegurar ese éxito*. Nehemías 7.1 dice: «Una vez que se terminó la reconstrucción de la muralla y se colocaron sus puertas, se nombraron porteros, cantores y levitas». La muralla necesitaba puertas para que la gente pudiera entrar y salir de la ciudad. Si los constructores hubieran dejado las entradas sin puertas, todo el trabajo que habían hecho se habría desperdiciado.

Construir la muralla y no colocar las puertas en su lugar habría significado que podrían haber entrado enemigos o animales tan fácilmente como si no hubiera murallas. Las puertas hicieron que las murallas fueran eficaces para impedir el paso y para dejar entrar. Aseguramos nuestro éxito protegiendo nuestra inversión.

Cuando se trató de proteger esta inversión, Nehemías asumió la responsabilidad personal. Puso personalmente las puertas en su lugar. No construyó personalmente toda la muralla; delegó todo el tiempo, pero levantó las puertas.

Él sabía que podemos llegar a un lugar de gran victoria al completar un proyecto, y luego dejar de hacer la última cosa para asegurar ese éxito. Nos cansamos y decimos que esperaremos. Hay algunas cosas que pueden esperar, pero proteger la inversión de lo que hemos reconstruido debe hacerse de inmediato. De lo contrario, podríamos perder todo lo que hemos luchado para restaurar.

En un negocio que has reconstruido, esto puede significar contratar personas para mantener lo que empezaste o sacar patentes para proteger la inversión de lo que has creado. En un matrimonio en el que te has esforzado arduamente para restaurar, significa ser lo suficientemente humilde para reconocer lo fácil que podrías caer de nuevo en los viejos patrones que pusieron tu relación en problemas. Por lo tanto, construyes algunos patrones nuevos, como un paseo diario juntos, para mantener la comunicación fresca, o salir juntos con frecuencia para mantener tu conexión fuerte.

Esto parece ser un paso muy obvio. ¿Por qué se arruina entonces con tanta frecuencia? Una de las razones es que no nos preparamos para la crisis. Con cada gran éxito, hay un bajón. Con toda cima de montaña, hay un valle. Siempre esperamos una pérdida de energía después de un fracaso, pero con frecuencia nos sorprende el bajón físico y mental que sigue a un éxito.

Es una combinación de la decepción natural de la adrenalina del éxito y del agotamiento emocional que proviene de la entrega de uno mismo. Debes estar preparado para ello. No permitas que te abrume, y deja que Dios te lleve. Y luego convierte en una prioridad proteger personalmente tu inversión cuando llegues al otro lado del bajón.

No lo hagas solo

Lo segundo que hizo Nehemías para construir a partir de su éxito fue *asignar trabajadores*. Esa es la decisión de delegar, de no hacerlo solo. Piénsalo de esta manera: si Dios te ha dado un éxito, no es solo para ti; quiere que otras personas participen en lo que hace.

Nehemías 7.1 dice: «Una vez que se terminó la reconstrucción de la muralla y se colocaron sus puertas, se nombraron porteros, cantores y levitas». Él delegó específicamente en personas para todos los trabajos que tenían que hacerse ahora que la muralla había sido reconstruida.

Nehemías entendió la importancia de incluir a otros, así que nombró porteros inmediatamente después de que la muralla estuvo terminada y las puertas se pusieron en su lugar. Si tienes una puerta, necesitas que alguien la abra y la cierre. Si Nehemías no hubiera designado porteros, habría estado corriendo de puerta en puerta por la mañana y por la noche, abriéndolas y cerrándolas.

También nombró cantores y levitas, personas que ayudarían a la ciudad de Jerusalén a ser un lugar de culto. Se aseguró de que la ciudad cumpliera el propósito para el cual fue construida a través de las personas que él involucró. Uno de los mayores errores que cometemos al delegar es obtener ayuda solo con las tareas diarias. También necesitamos personas que nos ayuden con el propósito general.

Conseguir que otros participen impide que un gran éxito se convierta en una carga muy pesada. Es fácil abrumarnos por nuestros éxitos. Lo que comenzó como un gran logro se convertirá en una carga enorme si tratamos de manejarlo todo por nuestra cuenta.

El trabajo comienza a crecer más allá de lo que puedes hacer por ti mismo. Además de eso, el éxito atrae a otros que quieren aprender de lo que hiciste bien. La sensación comienza a golpearte: *¿Qué he creado? ¿Cómo lo manejaré? Solo quiero huir y empezar de nuevo.*

No escapes, pero tampoco huyas de esa sensación. De hecho, abraza ese momento de sentirte abrumado como una invitación a una de las decisiones más importantes que tomarás en tu vida. Cuando te sientas abrumado, recuerda que no se supone que debas hacerlo todo solo. Dios no te creó para hacerlo todo solo. Este es el sentimiento que dice: *¿Quién más tiene que estar involucrado?*

Uno de los grandes ejemplos de delegación en la historia se encuentra en la vida de Moisés. Estaba juzgando las disputas del pueblo de Israel y se encontró abrumado por las necesidades. Hablaba con personas desde el amanecer hasta el anochecer, sin terminar sus tareas al final de cada día.

El gran éxito de ver a Dios liberar al pueblo se había convertido para Moisés en la carga de una tarea sin fin a la vista. Era una señal segura de su necesidad de delegar, y su suegro, Jetro, le dio el sabio consejo de incluir a otros en la obra: «pues te cansas tú y se cansa la gente que te acompaña. La tarea es demasiado pesada para ti; no la puedes desempeñar tú solo» (Éxodo 18.18). Sus palabras son un recordatorio de que no delegar es una carga no solo para nosotros, sino también para todos aquellos que ahora deben esperarnos porque estamos demasiado ocupados.

El consejo práctico que dio Jetro fue dividir al pueblo en grupos de miles, centenas, cincuentenas y decenas. Entonces Moisés nombraría a hombres capaces de integridad como jueces sobre ellos: «Serán ellos los que funjan como jueces de tiempo completo, atendiendo los casos sencillos, y los casos difíciles te los traerán a ti. Eso te aligerará la carga, porque te ayudarán a llevarla» (Éxodo 18.22).

Deja de llevar la carga solo. No se supone que debas soportar la carga solo. Estos principios de delegación se aplican de manera muy obvia cuando estás reconstruyendo un negocio o ministerio. ¿Qué tal si estás restaurando una relación o reconstruyendo un sentido del propósito en tu vida? Las formas en que involucras a otros serán diferentes, pero la necesidad de no soportar la carga solo será igual de grande.

Delegar en estos casos incluirá a personas que orarán por ti y te alentarán, algunos que te darán el consejo que necesitas y otros que liberarán tu tiempo para que lo dediques a cultivar relaciones. Cuando estás demasiado ocupado con las tareas, lo primero que debes hacer es sacar tiempo para las relaciones. Puede haber algunas tareas que deberás delegar a otros para sacar el tiempo necesario a fin de mantener tus relaciones saludables.

No puedo dejar de pensar en muchas madres que conozco. El maravilloso éxito de tener una familia se convierte fácilmente en una lista creciente de tareas diarias. Se llena el biberón, se cambia el pañal, se lleva a dormir al bebé en la cuna; se han cumplido las tareas de crianza durante el día. Dieciocho años más tarde, es la cena que los hijos comen, el trabajo escolar terminado, estar en casa durante el toque de queda. Sí, los papás también están involucrados, pero cualquiera que no vea que las mamás están soportando el peso de esta avalancha de tareas, es porque no está prestando atención.

Durante la mayor parte de la historia, las mamás y los papás no lo hicieron solos. Las familias permanecieron juntas en la misma ciudad por varias generaciones, así que había abuelas y abuelos, tías y tíos, primos y amigos para ayudar con las tareas. Así es como debería ser. No estábamos destinados a ser padres solos.

Podrías necesitar algunas personas que te ayuden en la crianza de tus hijos. Chaundel y yo siempre estamos agradecidos con personas como Bob y Jan Snook, que se convirtieron en abuelos de alquiler de nuestros hijos cuando nuestros padres murieron a una edad temprana. Yo diría que el mayor proyecto de construcción en la tierra es forjar la vida de los niños y el carácter en las familias. Por supuesto que no estábamos destinados a hacerlo solos.

¿Qué necesitas delegar de modo que te ayude en tu negocio, familia o ministerio? Dios te ha dado este éxito, y quiere lograr grandes cosas a través de él. ¿Quién necesita unirse a ti en lo que te ha dado Dios?

Déjalo ir

Déjalo ir: ¡estas palabras son más que el título de la exitosa canción de *Frozen*, la película de Disney! Hay un paso más allá de la delegación al que muchos de nosotros nunca llegamos, y que permitirá un éxito concedido por Dios para convertirse realmente en todo lo que debería ser. Cuando delegamos algo a alguien, suele estar bajo nuestro control. Lo examinamos para asegurarnos de que esté haciendo un buen trabajo en la tarea que le hemos delegado.

Debido a que solo podemos hacer hasta cierto punto, si no dejamos ir las cosas a medida que crecen, nos encontraremos sobrecargados. Con mucha frecuencia, nuestra necesidad de tener el control de todo es lo que nos hace sentir fuera de control en la vida. El paso más allá de la delegación es dejar el control en manos de aquellos en quienes confiamos.

Los padres deben hacer esto con sus hijos. A medida que crecen, les delegamos más y más responsabilidades. Llegará un día en que se irán de nuestra casa, y esperamos comenzar a liberar una dosis de control sobre ellos. Si no hacemos esto, no crecerán para asumir las responsabilidades y oportunidades adultas que Dios tiene para ellos.

Hemos comenzado a llamar «padres helicóptero» a aquellos que no parecen ceder este control. Siempre están cerca, listos para el rescate. La verdad es que la mayoría de nosotros queremos estar en el helicóptero; queremos seguir tratando de controlar lo que sabemos que debemos ceder.

Ceder el control es igualmente importante en los negocios y en el ministerio. Dios tiene algo que podemos hacer a continuación, pero no podemos hacerlo hasta que no cedamos lo que estamos haciendo ahora. Tenemos que aprender la lección de los niños que se balancean en los pasamanos. Podemos aferrarnos a dos barras, pero a menos que soltemos una, no podremos pasar a una tercera. A menos que liberemos una, nuestros brazos acabarán cansados y caeremos al suelo. ¡Algunas de las lecciones más grandes de la vida se pueden encontrar justo allí, en un patio de recreo!

Aprendemos de Nehemías que la clave para ceder el control es *decidir confiar*. No podremos ceder lo que es importante para nosotros sin encontrar a una persona en la que podamos confiar. Nehemías 7.2 dice: «A mi hermano Jananí, que era un hombre fiel y temeroso de Dios como pocos, lo puse a cargo de Jerusalén, junto con Jananías, comandante de la ciudadela».

Nota el riesgo humilde que tomó Nehemías. Había sido él quien puso su vida en peligro cuando le preguntó al rey si podía volver a

Jerusalén para reconstruir la muralla. Fue Nehemías quien dirigió a la gente en el trabajo diario, derrotando a la oposición. Él estaba solo en el frente haciendo que este proyecto ocurriera.

Y entonces pone a otro a cargo de la muralla que él había construido. Él podría haber pensado fácilmente: *Nadie más tocará esa muralla. Yo la construí.* Y se habría desmoronado debido a la presión. Él podía dirigir por sí mismo a corto plazo, pero necesitaba que otros lo acompañaran en el liderazgo a largo plazo.

Nehemías muestra la sabiduría de dos maneras importantes cuando le asigna una responsabilidad a alguien. Esta es la sabiduría que evitará que el hecho de dejar ir se convierta en una pesadilla. La pesadilla es que se lo asignamos a alguien, que no lo haga bien, y regrese a nosotros peor de lo que era.

Entonces, nuestra tentación es pensar: *Debería haberlo hecho yo mismo.* Lo que deberíamos pensar más bien es: *Elegí a la persona equivocada o no la preparé bien.* ¿Cómo podemos elegir mejor y prepararnos mejor? Como un primer paso, eligiendo la integridad sobre la habilidad, comunicando ampliamente en lugar de comunicar poco.

Indudablemente, la habilidad es importante en un líder. Pero hay miles de historias de individuos que tenían una gran habilidad, pero no integridad, y de esta manera arruinaron un negocio, una familia, una iglesia o un ministerio. La habilidad indica que pueden hacer el trabajo, pero es el carácter el que nos dice que se le puede confiar a una persona la responsabilidad de dirigir.

Encuentra a alguien en quien sepas que puedes confiar. Nehemías eligió a su hermano para ser uno de los líderes porque lo conocía muy bien. También eligió a Ananías, a quien había llegado a conocer lo suficiente para saber que era «un hombre íntegro».

No solo necesitamos a alguien en quien podamos confiar, sino que también queremos a alguien que sepamos que puede confiar en Dios. Ananías era un hombre que «temía a Dios más que a la mayoría de la gente». Una de las claves del gran liderazgo es la gran humildad. El lugar de donde proviene la gran humildad es nuestra confianza en Dios.

Siempre y cuando pensemos que lo estamos haciendo nosotros mismos, cada éxito solo forjará nuestro orgullo. A través de la confianza en Dios, reconocemos cuán dependientes somos de su trabajo a través del nuestro. Uno de los más grandes líderes cristianos de la historia, el apóstol Pablo, reconoció esto al escribir: «No es que nos consideremos competentes en nosotros mismos. Nuestra capacidad viene de Dios» (2 Corintios 3.5).

Después de conseguir una persona íntegra, es igualmente importante dar instrucciones claras. Si alguna vez te han dado una responsabilidad sin guía, entonces entiendes el valor de las instrucciones. Decide comunicar ampliamente en lugar de comunicar poco.

Nehemías 7.3 dice: «A los dos les dije [a Jananí y a Ananías]: "Las puertas de Jerusalén se abrirán cuando ya haya salido el sol, y volverán a cerrarse y se asegurarán con sus barras cuando los porteros estén en sus puestos. Además, los habitantes de Jerusalén montarán guardia, unos en sus puestos y otros frente a su propia casa"».

Hay mucho que aprender aquí acerca de dar instrucciones claras.

La orden «Las puertas [...] se abrirán [...] y volverán a cerrarse y se asegurarán» nos recuerda que las instrucciones claras no asumen nada. Nehemías podría haberles dicho que cerraran las puertas, suponiendo que ellos entendieran que significaba que debían cerrarlas con una barra. En lugar de dejar esta orden al azar, Nehemías les dice que cierren las puertas y luego las atranquen. ¿De qué sirve cerrar la puerta si se puede abrir fácilmente? La claridad aseguró que se cumpliera el propósito de la tarea.

Una historia de los primeros días de la Iglesia de Saddleback sirve como un recordatorio de la necesidad de claridad en aquello que instruimos. Años antes de nuestro énfasis en la salud a través del Plan Daniel, Saddleback tenía un pedido permanente con un panadero cercano para elaborar cuarenta docenas de donas cada fin de semana.

Estábamos haciendo una renovación de matrimonio para toda la iglesia como parte de los servicios un fin de semana y decidimos pedir pastel de bodas para que todos lo disfrutaran. Al darse cuenta en el último instante de que no necesitaríamos todas esas donas, alguien llamó al panadero y le dijo apresuradamente: «¿Sabes que tenemos un pedido permanente? Pues bien, córtalas por la mitad». El interlocutor se dio cuenta de que debería haber sacado el tiempo para ser más claro al día siguiente, cuando llegó la orden completa de cuarenta docenas de donas, todas rebanadas por la mitad.

Por medio de líderes correctos y de instrucciones claras, podemos tener una mayor confianza cuando dejamos ir algo. Incluso entonces, siempre es un riesgo, pero el mayor riesgo está en esperar demasiado.

Una de mis mejores lecciones tras pasar muchos años en una iglesia de rápido crecimiento es la necesidad de dejar ir. Si no lo dejamos ir, no seguiremos creciendo. Nos quedaremos atrapados donde estamos. Si no lo dejamos ir, el ministerio o negocio no seguirá creciendo. Permanecerá dependiente de nosotros.

Mi experiencia más intensa con esto sucedió cuando dejamos de impartir nuestros estudios bíblicos a mediados de semana. Durante mis primeros diez años en la Iglesia de Saddleback, impartí un estudio semanal a través de la Biblia, primero a unas pocas docenas de personas, y posteriormente cuando aumentó a unos cuantos de miles. Soy un maestro de la Biblia de corazón: ¡qué privilegio fue enseñar la Palabra de Dios al pueblo de Dios!

Aunque disfruté mucho de los asistentes a este estudio bíblico, comenzó a crecer en mí el sentimiento de que había miles más que necesitaban estudiar la Palabra de Dios y que no estaban allí. Y yo sentía que lo que estábamos haciendo en estos estudios bíblicos era lo mismo que lo que hacíamos los fines de semana. La gente necesitaba algo diferente para su crecimiento.

Estábamos empezando a hacer aún más hincapié en los grupos pequeños, pero yo sabía que mientras la gente estuviera asistiendo al estudio bíblico a mediados de semana, probablemente no se unirían a un grupo pequeño.

Sus horarios copados les harían sentir que no podía haber espacio para todo. Y entonces le sugerí al pastor Rick que dejáramos de hacer el estudio bíblico a mediados de semana para que más gente pudiera estar en grupos pequeños. Yo sabía que, en una iglesia grande, no serían capaces de crecer espiritualmente sin la interacción relacional y la rendición de cuentas de un grupo pequeño. Creo que el pastor Rick había estado esperando pacientemente que yo llegara a esta conclusión, en la que él había estado pensando durante algún tiempo.

Así que dejé ir algo que me encantaba hacer. Y muchos de nuestros miembros renunciaron a un servicio a mediados de semana que era significativo para ellos. En este caso, el resultado fue casi inmediato. Hasta ese momento, teníamos cerca de trescientos grupos pequeños reunidos en Saddleback. Ese año, nuestro número de grupos pequeños se disparó a tres mil. Vimos un aumento de diez veces cuando renunciamos a nuestros servicios a mediados de semana y comenzamos grupos pequeños de Vida con un propósito.

Obviamente, aunque nuestros servicios a mediados de semana eran maravillosos, también eran un cuello de botella para lo más grande que Dios buscaba hacer. A. W. Tozer escribió: «En el reino de Dios, el camino más seguro para perder algo es tratar de protegerlo, y la mejor manera de preservarlo es dejarlo ir».[12] La mejor gestión de nuestros éxitos sucede a menudo en ese momento en que los dejamos ir.

Utilízalo

Para construir a partir de nuestros éxitos, debemos ver las maneras en que estos éxitos se pueden seguir utilizando. Nehemías 7 habla del registro de las familias que vivían en Jerusalén. Esto se hizo porque había un problema: «La ciudad ocupaba una gran extensión, pero tenía pocos habitantes porque no todas las casas se habían reconstruido. Mi Dios puso en mi corazón el deseo de reunir a los nobles, a los oficiales y al pueblo, para registrarlos según su descendencia» (Nehemías 7.4, 5).

La muralla había sido reconstruida, pero la ciudad dentro de esa muralla aún necesitaba ser reconstruida. ¿Por qué reconstruir las murallas si la ciudad no iba a ser poblada? Entonces Dios puso en el corazón de Nehemías registrar a la gente para que pudieran vivir, ser protegidos, criar a sus familias, y adorar a Dios en la ciudad. Dios le dio a Nehemías la idea que permitía que el éxito de la reconstrucción de la muralla fuera utilizado para la bendición del pueblo de Dios.

Antes de ver lo que podemos aprender del registro de las familias, saquemos un momento para mirar más de cerca lo que significa para Dios poner algo en nuestros corazones. Al igual que con Nehemías, Dios pondrá algunas cosas en tu corazón, las cuales te

---

12. A. W. Tozer, *Born After Midnight* (1959; repr., Chicago: Moody, 2015), p. 117 [*Después de medianoche* (Terrassa, Barcelona: CLIE, 1994)].

permitirán construir a partir de los éxitos que él ha llevado a tu vida. ¿Cómo sucede esto? ¿Cómo se siente? Si no sabes la respuesta a esas preguntas, puede ser que te pierdas de este momento de dirección tan importante.

Cuando Dios pone algo en nuestros corazones, es el resultado de escuchar con un deseo de obedecer. Nehemías obedeció a Dios reconstruyendo la muralla, y luego escuchó lo que sucedería después. Esa escucha fue provocada por el hecho de notar una necesidad: la ciudad era espaciosa, pero no había suficiente gente en ella. A partir de esto, Dios puso en su corazón registrar a las familias. Cuando Dios pone algo en nuestros corazones, es el momento clave para construir a partir de nuestros éxitos.

A veces se manifiesta en una idea práctica que surge en tu cabeza; otras veces es casi como una voz audible que escuchas de Dios; y en otras ocasiones se manifiesta en la forma de una convicción que crece en ti poco a poco. El denominador común es una certeza inusual de que esto es lo que Dios quiere que hagas: una certeza siempre verificada por la verdad de la Palabra de Dios y casi siempre por el estímulo de otros creyentes.

Cuando fui pastor en la Iglesia de Saddleback hace muchos años, fue porque Dios puso algo en mi corazón. Yo estaba en mi décimo año como pastor de la iglesia en Marysville, los últimos cinco de los cuales había dedicado a reconstruir después de la inundación. Nuestra familia y la de Warren estaban juntas en una conferencia de la iglesia. Mi esposa Chaundel es la hermana menor del pastor Rick, así que regularmente buscamos tiempos para conectarnos en el curso del ministerio.

Antes de una de las sesiones de la conferencia, Rick estaba sentado detrás de mí, hablando con Harry Williams, un amigo en común. Rick no sabía que yo estaba escuchando mientras él hablaba de su deseo de hacer el siguiente cambio en la estructura del personal de Saddleback, que lo acercaría más a los cinco propósitos de Dios para la iglesia.

Tendría un pastor de membresía, un pastor de madurez, un pastor de ministerio, un pastor de misión, y un pastor de ampliación. En este momento de santa escucha, fue como si Dios estuviera enviando una flecha a mi corazón diciéndome que necesitaba hablar con Rick sobre ser pastor de madurez en la Iglesia de Saddleback.

No fue una voz audible, pero fue una impresión poderosa como he sentido solamente dos o tres veces en mi vida. Sabía que, si no hablaba con Rick, estaría desobedeciendo a Dios. No era cuestión de que yo le dijera: «El Espíritu Santo dijo que tenías que contratarme». Si decía sí o no era su decisión; yo sabía simplemente que tenía que preguntar. Por la gracia de Dios, llegué a la Iglesia de Saddleback en 1991 para servir como pastor de madurez durante diez años, y luego como pastor de enseñanza en los años posteriores.

Estas impresiones del corazón pueden ocurrir de maneras poderosas como esta, o pueden hacerlo de maneras más simples. Hace muchos años, mi amigo Buddy Owens me sugirió tomar los estudios que él había estado impartiendo en nuestro estudio bíblico a mediados de semana durante muchos años y enseñarlos en línea en un podcast. Dijo: «Podrías llamarlo Devociones mientras conduces tu auto».

Actualmente he enseñado la mayor parte de la Biblia en este podcast de diez minutos al día, con decenas de millones de descargas, todo debido a una impresión del corazón que ocurrió luego de una breve conversación con un amigo. Aunque era diferente a la poderosa impresión que tuve cuando llegué a Saddleback, fue una idea que sabía que provenía de Dios.

Por la gracia de Dios, la enseñanza a la que renuncié en el estudio bíblico a mediados de semana se ha multiplicado a muchas otras a través de este podcast diario. Cuando renunciamos a algo, Dios nos lo devuelve con frecuencia de una manera que es más grande de lo que esperábamos.

Ya sea una impresión de gran alcance o la idea de un amigo, ¿qué es lo que Dios está poniendo en tu mente acerca de cómo construir a partir de los éxitos que te ha dado en tu vida?

Para Nehemías, la idea fue registrar a las familias. Al hacerlo, pudo ver los recursos que Dios le había dado para usar: las familias que estaban disponibles para vivir en la ciudad. En su lista de un nombre tras otro de quienes estaban registrados, el capítulo 7 es una de esas partes «aburridas» de la Biblia que muchos de nosotros ignoramos mientras leemos.

¡No era nada aburrido para Nehemías! En cada nombre había una oportunidad. Él vio en dónde podían vivir, cómo se podría construir la ciudad, y cómo se criarían allí las generaciones. Cuando lleguemos al capítulo 10 de Nehemías, veremos cómo él conectó a estas personas con los propósitos de Dios para la ciudad mediante su dedicación a Dios.

Hay un poderoso principio aquí en relación con lo que sucede cuando vemos los recursos que nos ha dado Dios. Cuando hacemos un inventario de los recursos disponibles, empezamos a pasar de «qué sucede si» a «ahora qué». Comenzamos a ver cómo puede usar Dios los recursos que nos ha dado para seguir construyendo a partir de los éxitos que nos ha dado.

Cuando nuestros éxitos no se están utilizando, tenemos algunas opciones. Podemos vivir con frustración, renunciar debido a la ira o buscar soluciones. Es sorprendente la frecuencia con la que se encuentran soluciones al mirar los recursos que Dios nos ha dado.

Construye a partir de tus éxitos

Nehemías no desperdició su éxito. Él buscó soluciones para poder usar lo que Dios le había dado. Para buscar soluciones, hay tres acciones clave que vemos a lo largo del libro de Nehemías.

La primera es la *alabanza*. Si vamos a construir a partir del éxito que Dios nos da, lo primero que debemos hacer es alabar a Dios por el éxito. Mientras creamos que el éxito es nuestro, no podremos construir como Dios quiere que lo hagamos. Estaremos llenos de orgullo de haberlo hecho tan bien, o con el desánimo de que las cosas se están desmoronando. Al alabar a Dios por el éxito, reconocemos que *es suyo*. Esta alabanza a Dios nos hace mirar hacia adelante en anticipación de lo que él quiere hacer a continuación, en lugar de mirar hacia atrás sintiendo autosatisfacción o frustración.

La alabanza se centra en lo que podemos hacer y en lo que Dios puede hacer.

La segunda actitud es el *servicio*. Nehemías reconoció que Dios no le había dado su posición y éxito para su propio bien. Fue al servir a otros que encontró el cumplimiento de los mayores objetivos de Dios para su vida. Jesús dijo que aún él, el Hijo de Dios: «vino para que le sirvan, sino para servir» (Marcos 10.45).

Dios nos permitió reconstruir esa iglesia en Marysville para que la iglesia pudiera servir a la comunidad. Él está restaurando tu matrimonio para que puedas servirle luego de servir a otros en ese matrimonio. Él restaura tu negocio para que puedas convertirte en un medio para amar a Dios y a los demás.

Con esta actitud de alabanza y la decisión de servir, *evalúa tus recursos* a continuación. ¿Qué dones, oportunidades, personas y talentos te ha dado Dios para trabajar? El punto no es preguntar si tienes suficiente. Casi siempre sentirás que no tienes suficiente para hacer lo que Dios ha puesto en tu corazón. El punto es mirar cuidadosamente lo que tienes y poner lo que tienes para trabajar.

David tenía solamente cinco piedras lisas, y Dios pudo trabajar con eso para derrotar a un gigante (1 Samuel 17). Gedeón tenía un ejército de solo trescientos hombres, y Dios pudo trabajar con eso para derrotar a miles (Jueces 7). Y no olvides a un niño que solo tenía cinco panes y dos peces. Jesús pudo trabajar con eso para alimentar a cinco mil personas (Juan 6).

No vemos nuestros recursos para ver si tenemos suficiente; vemos nuestros recursos para ver qué podemos dar. Y es siempre cuando damos esos recursos que no parecen ser suficientes que Dios trabaja de maneras que son más que suficientes.

Sea cual sea el éxito que Dios haya dado, lo dio por una razón, y ese éxito es una parte de la gestión de tu vida. Utiliza el éxito que te dio de restaurar tu matrimonio para ayudar a fortalecer a otros en sus matrimonios. Construye a partir del éxito conferido por él de restaurar la relación con uno de sus hijos alentando a otros padres. Sirve a Dios con el éxito que él te dio de reconstruir un negocio utilizando ese negocio para servir a los demás. Al hacer esto, estás confiando en Dios para terminar la historia que él comenzó.

CONSTRUYE A PARTIR DE TUS ÉXITOS:
Mis primeros pasos

ASEGURA TU INVERSIÓN

¿Qué es lo más importante que necesitas hacer para asegurar tu inversión en lo que estás comenzando a recomponer?

NO LO HAGAS SOLO

¿A quién puedes involucrar para que te apoye?

¿Quién puede ayudarte a conseguir los detalles de lo que hay que hacer?

¿Quién puede ayudarte a fortalecer el propósito general de lo que estás haciendo?

DÉJALO IR

¿Qué necesitas para delegar en alguien en quien confías para hacer algo nuevo?

UTILÍZALO

¿Cómo puedes alabar a Dios por lo que ha recompuesto?

¿Cómo puedes servir a otros a partir de lo que Dios te ha dado?

¿Qué recursos te ha dado Dios para trabajar?

Capítulo 6

CELEBRA PARA MANTENER TU ALEGRÍA

La determinación intensa sin celebración se convierte en nuestra perdición

La alegría proviene de ver el cumplimiento total del propósito específico para el cual fui creado y nacido de nuevo, y no de hacer con éxito algo de mi propia elección.

Oswald Chambers

Cada experiencia, incluso la más indeseada, si se la ofreces a Jesús, puede convertirse en tu puerta de entrada a la alegría.

Elisabeth Elliot

Alégrense siempre en el Señor.

Filipenses 4.4

La vida no resultó como se esperaba para Liz y Gary Puffer. Todo había marchado muy bien. Tenían dos niños pequeños, de seis y ocho años, que llenaban su casa de energía. Liz estaba totalmente comprometida con la crianza de estos niños, y con la vida de la comunidad. Gary trabajaba en la industria aeroespacial, instalando sistemas hidráulicos para proyectos comerciales y militares, incluyendo el transbordador espacial. Su vida acababa de regresar recientemente a la fe después de años de luchar con adicciones a las drogas y el alcohol.

Luego vino la noticia de que Gary tenía un tumor cerebral. No era canceroso, pero había invadido poco a poco gran parte de su cerebro. Necesitaría una cirugía de treinta y cinco horas y quedaría con sordera en el oído izquierdo, y con parálisis parcial en ese lado de su rostro. Muchos meses de recuperación se extendían ante él.

Este no sería el único reto físico que Liz y Gary enfrentarían juntos. En los años venideros, él sufrió un ataque cardíaco y un derrame cerebral debido a problemas de coágulos de sangre. Con casi cincuenta y cinco años, Gary tuvo que retirarse con discapacidad, una opción muy difícil para un hombre que quería trabajar para mantener a su familia.

Les pregunté: «¿Qué hacen cuando la vida no sale como esperaban?». Su respuesta no fue una sorpresa. Lo he visto evidenciado en sus vidas muchas veces. Liz dijo: «En lugar de buscar cómo Dios podría bendecirnos, buscamos a quien pudiéramos bendecir». A partir de su dolor, ellos dirigieron sus corazones hacia el servicio a los demás.

No es allí adonde siempre nos dirigimos cuando tenemos dolor, así que les pregunté qué los hizo volcarse hacia el servicio en lugar del egocentrismo. Les tomó un momento responder. Su primer pensamiento fue que simplemente no podrían haber hecho nada más. A medida que reflexionaban más, fueron los ejemplos de servicio que habían presenciado lo que los impulsó a servir a otros.

Gary recordaba haber crecido en la casa de un pastor. Las maneras en que su papá sirvió a la comunidad regresaron a él cuando tuvo su crisis de salud e identidad debido a la jubilación anticipada. Él sabe que Proverbios 22.6 se ha hecho poderosamente cierto en su vida: «Instruye al niño en el camino correcto, y aun en su vejez no lo abandonará».

Liz no creció en un hogar cristiano. Sin embargo, recuerda claramente la fe que le mostraron cuando su hermana Robin murió a la edad de dieciocho años. El recuerdo de un pastor local visitando su casa y haciendo que la familia se tomara de las manos en un círculo mientras oraba, le habla incluso ahora de la poderosa diferencia hecha por simples actos de servir a otros en el amor.

Liz y Gary son dos de las personas más serviciales que conozco. Si me preguntaran cuáles son los regalos de los servidores que han tenido un mayor impacto en la Iglesia de Saddleback, serían mujeres como Liz Puffer y Renee Yapp. Han cuidado pastoralmente a más gente en esas situaciones dolorosas de la vida que cualquier otra persona en la que pueda pensar. Y Gary a menudo está allí junto a Liz.

Años más tarde, los ejemplos de servicio de Liz y Gary tendrían un impacto poderoso en la vida de uno de sus hijos. Su hijo Brandon se convirtió en un lanzador de relevo de las Grandes

Ligas con los Astros de Houston, los Padres de San Diego y los Gigantes de San Francisco. En 2008, estaba lanzando para la escuadra Frisco RoughRiders de las Ligas Menores, con la esperanza de volver a las Mayores.

Mientras lidiaba con sus propias adicciones a las drogas y al alcohol, Brandon irrumpió en una casa ajena. Estaba tan intoxicado que no recuerda los acontecimientos de aquella noche. Fue arrestado y finalmente condenado a cinco años por su delito después de declararse culpable. Nolan Ryan, el famoso lanzador que se había hecho amigo suyo, habló como testigo de carácter durante su juicio. El abogado de Brandon le dijo que si lo sentenciaban en Texas, incluso con Nolan Ryan como testigo de carácter, necesitaba saber que el tiempo en prisión era una parte del plan de Dios para su vida.

Liz y Gary tuvieron que lidiar como padres con otro giro en una vida que no estaba saliendo como esperaban. Habían estado observando a su hijo en los parques de las Grandes Ligas, y ahora lo visitaban en la cárcel. Liz era incapaz de bajar del auto cuando iba a la tienda. No podía soportar la idea de encontrarse con algún conocido. Con el tiempo, fueron capaces de confiarle a Dios este giro en sus vidas. Sabían que se haría la voluntad de Dios para Brandon, incluso en medio de estas circunstancias.

Durante su tiempo en prisión, Brandon tuvo que elegir la dirección que tomaría su vida. Por mucho que quisiera regresar a las grandes ligas, empezó a ver que ese objetivo solo giraba en torno a su ego. Sin embargo, decidió seguir los ejemplos de sus padres y buscar maneras de servir.

Brandon trabaja actualmente con la Fundación Nolan Ryan, ayudando a jóvenes prospectos beisbolistas. Puede servirles mostrándoles cómo mejorar sus habilidades. Aún más importante, su historia sirve como una advertencia de las trampas en las que pueden caer fácilmente.

El enfoque de la celebración de Brandon ha cambiado en muchos sentidos. Solía ser celebrado por cuarenta mil aficionados en las gradas por hacer el lanzamiento correcto. Ahora está eligiendo celebrar las maneras en que Dios puede obrar a través de su vida para hacer una diferencia mientras sirve a otros.

Para continuar la reconstrucción, casi siempre hay un cambio en lo que celebramos y en la manera en que lo celebramos.

LA NECESIDAD DE CELEBRAR

¡Muchos reconstruyen su muralla, solo para encontrar que se ha desmoronado! Llevan a cabo la tarea, solo para descubrir que han sido consumidos por ella. Se han vuelto tan ocupados y exitosos que la vida ya no es divertida. No tenemos la intención de convertirnos en adictos al trabajo para recomponer las cosas. Podemos realizar grandes tareas sin dejar de disfrutar de la vida.

La celebración de lo que está haciendo Dios es una de las claves para recomponer de una forma que perdure. Si no puedes celebrar, es probable que repitas lo que te hizo tener que reconstruir en primer lugar. Tal vez no puedas enfrentar las mismas circunstancias, pero te encontrarás atascado en los mismos lugares. Es la celebración la que da las fuerzas continuas para los cambios que Dios está obrando en tu vida.

Comienza abrazando la verdad *para la cual fuiste creado para celebrar*. La celebración no es tu idea; es la idea de Dios. Algunos cristianos parecen pensar que pueden sentir «alegría» sin disfrutar de nada. Para ellos, la iglesia y servir a Dios son asuntos serios que deben abordarse con una intensidad santa que no permite una sonrisa. Esto no tiene sentido. Estar en presencia de lo sagrado no significa que tengamos que estar tristes todo el tiempo.

En Nehemías 8.9, Nehemías se refiere a este asunto: «Al oír las palabras de la ley, la gente comenzó a llorar. Por eso el gobernador Nehemías, el sacerdote y maestro Esdras y los levitas que enseñaban al pueblo les dijeron: "No lloren ni se pongan tristes, porque este día ha sido consagrado al SEÑOR su Dios"».

Obviamente, podemos llorar en presencia de Dios, y en algunas ocasiones debemos hacerlo. Es donde comenzamos en Nehemías 1. Hay momentos en que tenemos que llorar delante del Señor. Pero la idea de que la única manera de tener una experiencia sagrada es con un corazón triste y una mirada abatida es totalmente falsa. El placer es la idea de Dios. Él nos dio esa capacidad. Nos dio esas emociones.

LA CELEBRACIÓN SURGE A PARTIR DE LA ADORACIÓN

La adoración es la clave vital para la celebración personal y la alegría que nos permite soportar todo lo que hemos reconstruido.

En Nehemías 8, los israelitas organizan un gran día de celebración de Dios en adoración por todo lo que ha hecho Nehemías. La celebración no puede divorciarse de la adoración, porque surge a partir de la adoración. La palabra *celebrar* proviene del latín, y significa «reunirse para honrar». Nuestra actitud de celebración se basa en reunirnos con otros y honrar a Dios por lo que ha sucedido. No podemos celebrar realmente sin adorar, porque Dios es a quien más celebramos y quien nos creó para celebrar.

Es una acusación a nuestros tiempos cuando el lazo entre la celebración y la adoración no es inmediatamente obvio. Vivimos con una extraña propensión a celebrar en todas partes, excepto en la adoración. Los tiempos de devoción personales son serios; pero en los encuentros con nuestros amigos, celebramos con diversión y risas. Los cultos de la iglesia son sombríos y calmados; los partidos de fútbol están llenos de gritos.

Podemos celebrar además de adorar, pero serán celebraciones que nos dejan con ansias. Tan maravilloso como es celebrar en una reunión familiar, en un evento deportivo, o en una fiesta empresarial, habrá un anhelo de algo más si estas celebraciones son eliminadas de una vida de adoración. La celebración aparte del Dios que nos creó para celebrar es un escape temporal en el mejor de los casos; la celebración relacionada con la adoración de Dios es una fuente infinita de alegría.

Esto no quiere decir que debamos cantar himnos en los partidos de béisbol. En una vida de culto, reconocemos al nivel más profundo que Dios hizo la hierba verde del campo de béisbol, les dio habilidades a los jugadores, y nos dio la capacidad de disfrutar de todo.

Aunque hay múltiples lugares de celebración en nuestras vidas, un lugar obvio para comenzar a conectar la celebración y la adoración es en nuestra adoración juntos como iglesia. A modo de comienzo, debemos preguntarnos si celebramos cuando adoramos. Muchas personas que asisten a un servicio de adoración cada semana parecen no tener el menor rastro de alegría.

Si somos honestos, el servicio matinal del domingo en muchas iglesias es más como un funeral que como un festival. ¡Los cristianos parecen haber sido bautizados con vinagre y comido la Cena del Señor con jugo de limón! Obviamente, no basta con llegar un domingo a las diez o a las once de la mañana. Nehemías nos muestra dos actitudes vitales para la adoración. Sin estas actitudes, la celebración se reduce; con estas actitudes, la celebración se multiplica.

Adora con una actitud de unidad

Un aspecto vital para la adoración llena de alegría es *estar en unidad con los demás*. Esa unidad se describe en Nehemías 8.1: «Entonces todo el pueblo, como un solo hombre, se reunió en la plaza que está frente a la puerta del Agua y le pidió al maestro Esdras traer el libro de la ley que el SEÑOR le había dado a Israel por medio de Moisés». Para aumentar tu celebración al adorar, disfruta de la gente con la que adoras.

Eso puede sonar fácil, hasta que lo pruebes por un tiempo. El problema es que las personas con las que adoras son tan imperfectas y pecaminosas como tú. Así que cuanto más tiempo veneras con un grupo, te sentirás más irritado, decepcionado, o incluso profundamente herido por aquellos que vas a conocer.

Algunas personas tratan de resolver esto cambiando constantemente de iglesia, buscando el grupo perfecto de personas con las cuales adorar. Después de las primeras semanas en una nueva iglesia, puede parecer que se trata de esa hermandad impecable que has estado buscando, pero no pasa mucho tiempo para descubrir que tienen tantos problemas como la iglesia que acabas de dejar.

El siguiente paso en este camino de decepción de la gente es decidir adorar solo; tal vez estando en medio de la naturaleza o viendo los servicios en línea. Al menos así solo tienes que lidiar con tus propios problemas. Aunque eso puede ser cierto, también te estás engañando a ti mismo debido a la alegría que Dios tiene la intención que surja de la adoración.

Hebreos nos dice que no renunciemos a reunirnos, porque es a partir de la dificultad para *reunirnos* cuando se encuentra la verdadera riqueza de la adoración (Hebreos 10.25). El estar con otros en ese espíritu de unidad tiene el poder de levantarnos por medio de su estímulo cuando estamos tristes. Tiene el poder de fortalecernos a través de su amor cuando somos débiles. Tiene el poder de enfocarnos en lo que es realmente importante a través de nuestro servicio a los demás.

Adorar a Dios con otros nos lleva a obtener la perspectiva necesaria. Al celebrar a Dios, tenemos la oportunidad única de vernos a nosotros mismos por lo que realmente somos; cada uno de nosotros está igualmente necesitado de la gracia amorosa de Dios. Richard Foster escribió: «En la celebración, los importantes y poderosos recuperan su equilibrio, y los débiles y humildes reciben una nueva estatura».[13]

Con demasiada frecuencia, damos por sentado el privilegio y el poder de la comunión cristiana. Sé que yo lo hago. Me acordé de esto cuando visité nuestro campus de Saddleback en Berlín, Alemania. Después de que los servicios terminan en la mayoría de las iglesias estadounidenses, la gente se va en dos o tres minutos. Estamos enfocados en llegar a nuestros autos para poder obtener la bandera a cuadros en alguna carrera imaginaria fuera del estacionamiento. En Berlín, la mayoría de los asistentes a la iglesia seguían hablando durante una hora después del servicio.

Les pregunté a algunas personas por qué se quedaban tanto tiempo, y me dijeron que menos del 1 por ciento de los residentes de Berlín son creyentes. Para la mayoría de estas personas, nadie más en su barrio, sitio de trabajo o escuela son seguidores de Jesús. Esa hora después del servicio es la única confraternidad cristiana que tienen en toda la semana. Estaban hambrientos de lo que les faltaba.

---

13. Richard J. Foster, *Celebration of Discipline: The Path to Spiritual Growth* (San Francisco: HarperSanFrancisco, 1978), p.168.

A veces tenemos una especie de «confraternidad de comida rápida» en nuestras relaciones con otros creyentes. Tener restaurantes de comida rápida en cada esquina nos lleva a conducir por la mayoría de ellos y a detenernos tan rápido como podemos cuando tenemos hambre. De manera similar, tener creyentes a nuestro alrededor a menudo nos hace dejar de valorar lo que tenemos o dedicar tiempo a esas relaciones que son más importantes.

Cuando aún no eres un creyente, es responsabilidad de una familia de la iglesia conectarse contigo y darte la bienvenida cuando te unes a ellos para la adoración. Pero una vez que te conviertes en un seguidor de Jesús, es tu responsabilidad conectarte con los demás. Si te encuentras saliendo de la iglesia y entrando a ella sin hablar siquiera con una persona, te estás engañando a ti mismo de la alegría que Dios tiene la intención de que brote a partir de nuestra adoración. Ciertamente, la adoración debe estar enfocada hacia arriba, en dirección a Dios. Debido a que adoramos juntos, también debe expresarse hacia afuera, unos a otros.

Para aumentar tu celebración al adorar, debes aumentar tu disfrute con las personas con las que adoras. Habrá muchas veces cuando no quieras ir a la iglesia. Cuando decides ir de todos modos, encontrarás que son las semanas que más necesitabas estar en la iglesia. Estabas tentado a no elegir lo que más necesitabas; es decir, estar cerca de otras personas.

Adora con amor por la Palabra de Dios

Cuanto más aumentamos *nuestro amor por la Palabra de Dios*, mayor será nuestra celebración al adorar. El ejemplo del pueblo de Israel en el día de adoración descrito en Nehemías 8 nos muestra que nuestro amor por la Palabra de Dios se profundiza a medida que reconocemos el significado de su Palabra.

Si vas a una final de la Copa Mundial de fútbol, verás un innegable sentido de la celebración debido a la importancia del evento. En muchos estadios de todo el mundo, los aficionados estarán de pie durante todo el partido debido a su importancia. Nehemías 8.5 dice: «Esdras, a quien la gente podía ver porque él estaba en un lugar más alto, abrió el libro y todo el pueblo se puso de pie».

Algunas iglesias que respaldan la lectura de las Escrituras apuntan con frecuencia a este versículo como una justificación. Ya sea que lo respaldes o no, está lejos de ser lo más importante, aunque puede tratarse de algo bueno. Lo que es importante es un sentido de significación que esté unido a la Palabra de Dios. Esta es una de las actitudes que crea la celebración al adorar, el sentimiento de que no hay nada más importante que lo que estamos escuchando en ese momento de la Palabra de Dios.

La experiencia de los israelitas durante ese día demuestra que para que el significado de la Palabra de Dios sea parte de la adoración, hay algo que deben hacer los líderes de la adoración, y también la congregación adoradora. Ambos tienen una responsabilidad.

Los líderes deben enseñar de una manera que la gente pueda entender: «[Los levitas] le explicaban la ley al pueblo, que no se movía de su sitio. Ellos leían con claridad el libro de la ley de Dios y lo interpretaban de modo que se comprendiera su lectura» (Nehemías 8.7, 8). Si algo es significativo y, sin embargo, no lo comprendemos, simplemente nos sentimos confundidos.

Si yo tuviera que ir a una final de la Copa Mundial de fútbol, me gustaría disfrutar de lo que estuviera pasando porque entiendo el fútbol. Si tuviera que ir a una final de la Copa Mundial de cricket, me sentiría importante, pero estaría confundido porque no entiendo el cricket. Hay lanzadores, lanzamientos malos, lanzadores del montón o fáciles de golpear, ninguno de los cuales entiendo.

Necesitaría que alguien se sentara conmigo y me explicara todo para poder disfrutar del juego.

Cuando los líderes hacen que la Palabra de Dios sea clara, esto magnifica la celebración de Dios. ¡Uno de los momentos de mayor celebración en la adoración es cuando una simple explicación de la verdad de Dios hace que la luz se encienda en nuestros corazones! Cuando comprendemos esto, entonces somos capaces de vivirlo.

Aunque era muy importante que los líderes hicieran que la enseñanza fuera comprensible, fue lo que hizo la gente ese día lo que resultó en una adoración verdaderamente alegre: *escucharon atentamente la Palabra*. Nehemías 8.3 dice: «y la leyó [Esdras] en presencia de ellos desde el alba hasta el mediodía en la plaza que está frente a la puerta del Agua. Todo el pueblo estaba muy atento a la lectura del libro de la ley». ¡Escucharon durante cinco o seis horas! Una de las claves para entender por qué algunos servicios de adoración están más llenos de alegría consiste en escuchar atentamente.

Hay una diferencia entre oír y escuchar atentamente. Supongamos que estoy leyendo el periódico y mi esposa Chaundel me dice algo, y le respondo, «Mmm, mmm», con los ojos todavía en la página. Si ella pregunta: «¿Qué te dije?», *podría* repetir lo que acabó de decir, pero alguien sabría que no estaba escuchando atentamente. Puedo haber oído las palabras, pero no tenía mi mente ni mi corazón centrados en lo que estaba diciendo ella.

Escuchar atentamente en la adoración es fijar nuestras mentes y corazones en lo que nos está diciendo Dios. Cuando hacemos eso, la celebración aumenta en nuestra experiencia de adoración. Entonces nuestra alegría se suma a la sensación de alegría que todo el mundo está experimentando en ese servicio.

Nunca olvidaré una experiencia de adoración en noviembre de 1993. Después de reunirse en auditorios escolares y gimnasios durante doce años, la Iglesia de Saddleback se había mudado a su primera propiedad dos años atrás. La tierra en el condado de Orange es cara, por lo que, durante los dos primeros años en esta propiedad, nos reunimos en una carpa al aire libre.

Incluso en el clima suave del sur de California, nos congelábamos en el invierno, nos quemábamos en el verano, y éramos casi barridos por los vientos de Santa Ana en el otoño. Era hora de construir, y la iglesia había estado orando y adorando mientras nos preparábamos para trabajar juntos en la edificación que sería nuestro nuevo lugar de culto.

Cuando nos reunimos para celebrar los regalos recibidos, había un profundo sentido de unidad y una fuerte atención a nuestra obediencia a la Palabra de Dios. El resultado fue un sentido de la celebración espontáneo y poderoso. Nunca olvidaré a un pastor mayor que me dijo ese día: «No olvides lo que está sucediendo aquí, Tom. Estos son los tipos de servicios de adoración que pueden inspirar a una generación». Este es el poder de la celebración.

Hay una respuesta inevitable a este tipo de celebración. Nehemías 8.6 dice: «Entonces Esdras bendijo al Señor, el gran Dios. Y todo el pueblo, levantando las manos, respondió: "¡Amén y amén!". Luego adoraron al Señor, inclinándose hasta tocar el suelo con la frente». Este versículo revela que la verdadera alabanza siempre resulta en una actitud de profunda humildad ante Dios. Sabemos que Dios nos ha dado lo que no merecemos simplemente por su amor.

Para expresar esta humildad, los israelitas se inclinaron y pusieron sus caras en el suelo. Hay algo que decir para expresar físicamente lo que nos está sucediendo espiritualmente en la adoración. Admito que a veces tengo dificultades con expresiones físicas de alabanza o con la devoción al adorar. Tal vez sea por mi origen, o tal vez sea que estas expresiones pueden parecer con frecuencia esperadas o copiadas.

Sé que necesito crecer en la comprensión de que el cuerpo y el espíritu están entrelazados de formas más profundas de lo que imagino. Las expresiones físicas de la adoración tienen el poder de conectarme espiritual y emocionalmente con lo que estoy cantando o escuchando. Ya sea inclinando la cabeza, levantando las manos, o simplemente elevando los ojos ligeramente hacia el cielo, toma el riesgo de expresar con tu cuerpo lo que Dios le está diciendo a tu corazón.

ADORAR DE MANERAS QUE TAL VEZ NO HABÍAMOS ESPERADO

Antes de concluir nuestra mirada a la celebración y la adoración, hay un problema que debemos abordar. A veces perdemos nuestro sentido de la celebración al adorar porque nuestra adoración se convierte en *rutina*. Sí, la misma rutina de adoración cada semana tiene algo que es reconfortante. Sin embargo, también es cierto que la rutina puede hacer que perdamos nuestro sentido de emoción y anticipación en la celebración de Dios.

Dios ha concebido nuestras mentes humanas para que necesiten rutina y variedad. De acuerdo con nuestra personalidad, disfrutaremos una de ellas más que la otra. Sin embargo, necesitamos las dos.

Hay tres direcciones específicas para la celebración en Nehemías 8 que no podemos esperar encontrar en la Palabra de Dios, y eso puede darnos algunas ideas acerca de cómo adorar de una manera que tal vez no habíamos esperado.

Primero, Nehemías le dice a la gente *que festeje*. *Dios* considera el festejo como una parte de la celebración:

Nehemías añadió: «Ya pueden irse. Coman bien, tomen bebidas dulces y compartan su comida con quienes no tengan nada, porque este día ha sido consagrado a nuestro Señor. No estén tristes, pues el gozo del SEÑOR es nuestra fortaleza».

También los levitas tranquilizaban a todo el pueblo. Les decían: «¡Tranquilos! ¡No estén tristes, que este es un día santo!».

Así que todo el pueblo se fue a comer y beber y compartir su comida, felices de haber comprendido lo que se les había enseñado.

Nehemías 8.10–12

Dios nos dio nuestras papilas gustativas, y son un gran regalo para celebrar. Es un pecado adorar la comida. Y es igualmente un pecado no estar dispuestos a celebrar con la comida. Dios nos ordena a través de las Escrituras celebrar con todo lo que ha hecho, lo que incluye la comida creada por él. 1 Timoteo 6.17 declara que Dios, «nos provee de todo en abundancia para que lo disfrutemos».

Podemos adorar a Dios con un ayuno, y también podemos adorarlo con un banquete. Una fiesta es una excelente herramienta para celebrar. Esto es claro en toda la Biblia: en todas las fiestas del Antiguo Testamento, en el primer milagro de Jesús que tuvo lugar en una fiesta de bodas, en la fiesta de Pascua que Jesús tuvo con sus discípulos, y en el hecho de que cuando lleguemos al cielo, celebraremos para siempre en la gran fiesta de bodas del Cordero.

Comer alimentos poco saludables es obviamente malo, y lo mismo sucede al pensar que negarte a ti mismo la comida que sabe bien te hace más espiritual de alguna manera. Puedes tener un festejo estilo Plan Daniel.[14] Celebra un hito espiritual en la

---

14. El plan Daniel combina ejercicios en las cinco áreas de fe, alimentación, ejercicio, enfoque y amistades para tener una mejor salud (Rick Warren, Daniel Amen y Mark

vida de alguien o una cosa maravillosa que haya hecho Dios celebrando un banquete juntos. Invita a algunos amigos que aún no sean creyentes a unirse a ti para esta fiesta. Es una de las mejores maneras de ayudar a estos amigos a experimentar lo que significa celebrar a Dios.

Dios les dice a los israelitas que festejen, y luego les dice que *compartan*. Compartir es una parte importante de la celebración. Mira nuevamente en Nehemías 8.10: «Ya pueden irse. Coman bien, tomen bebidas dulces y compartan su comida con quienes no tengan nada, porque este día ha sido consagrado a nuestro Señor».

Nada puede irrumpir tan rápidamente en tu alegría como el egoísmo.

Muchos de nosotros estamos rodeados de bendiciones materiales que ya no parecen producirnos alegría. Cuando esto sucede, la primera pregunta que debemos hacer es: «¿Con quién puedo compartir?» La mayor alegría de la vida no proviene de lo que tenemos, sino de lo que damos. Si nos aferramos a las cosas, eventualmente se agriarán en nuestras manos, como el maná arruinado para el pueblo de Israel en el desierto (Éxodo 16).

Lo tercero que Nehemías ordena a la gente es *guardar silencio*. Nehemías 8.11, 12 (RVA2015) dice: «Los levitas hacían que todo el pueblo guardara silencio, y decían: —Callen, porque el día es santo; no se entristezcan. Así todo el pueblo se fue... a regocijarse con gran alegría».

Una expresión de celebración no siempre se encuentra en los gritos; a menudo se encuentra en el silencio. Es una celebración de estar atrapados silenciosamente en un momento de belleza, en el amor de quienes nos rodean, o en un espíritu de gratitud. A veces

---

Hyman, *El plan Daniel: 40 días hacia una vida más saludable* (Miami: Editorial Vida, 2013).

debemos permanecer callados en presencia del Señor con un profundo sentido de agradecimiento por lo que él es.

Cuando pensamos en estar callados ante el Señor, pensamos a menudo en un silencio solemne y serio. Esa es una manera de estar callados ante Dios, pero aquí vemos otra. Esta es un silencio celebratorio y gozoso.

Hay momentos en que la alegría silencia nuestros corazones. Charles Spurgeon escribió: «Sería muy difícil trazar una línea entre la santa maravilla y la *adoración verdadera*; porque cuando el alma está abrumada con la majestad de la gloria de Dios, aunque no se exprese en el canto ni pronuncie su voz con la cabeza inclinada en oración humilde, adora sin embargo silenciosamente».[15] Spurgeon, quizá el más prolífico orador y escritor de su generación, comprendió el valor de adorar en silencio ante Dios.

Cuando estoy cantando con otros en la adoración, a veces entro en estos momentos en los que solo necesito estar callado. La alegría de escuchar las voces de los demás lleva mi corazón a un lugar donde mi mayor expresión de celebración no consiste en cantar más alto, sino en estar en silencio y escuchar las voces que me rodean. Cuando nuestros corazones se llenan, pueden hacernos permanecer en silencio, el tipo de mutismo que siente un padre cuando carga por primera vez a su hijo. No hay palabras; solo hay alegría.

Mediante el hecho de permanecer en silencio al celebrar, a menudo nos encontramos experimentando un intercambio de emociones. En el silencio, intercambiamos nuestra ansiedad por un sentido de confianza en Dios, nuestra culpa por una profunda gratitud por el perdón de Dios, nuestro temor por un momento de fe, nuestro dolor por la alegría genuina.

---

15. Charles H. Spurgeon, *Evening by Evening: A New Edition of the Classic Devotional Based on The Holy Bible, English Standard Version* (Wheaton, IL: Crossway, 2007), p. 34.

Hasta este punto en nuestra mirada a la celebración, nos hemos centrado principalmente en la adoración. ¡Eso es intencional! Sin la adoración, nunca llegaremos al lugar de la celebración genuina, el tipo de celebración que energiza nuestras vidas. La celebración comienza con la adoración.

LA CELEBRACIÓN RESULTA EN UNA NUEVA FORTALEZA

En medio de este gran día de celebración para Nehemías y el pueblo de Dios, encontramos esta frase en Nehemías 8.10: «No estén tristes, pues el gozo del Señor es nuestra fortaleza». Estas palabras familiares son la clave para el tipo de fortaleza que todos nosotros estamos buscando.

Nota que es la alegría *del Señor*. Nehemías no está hablando de la alegría que de alguna manera tratamos de fabricar desde dentro; está hablando de la alegría que el Señor da. Si tratamos de forzar nuestros corazones a tener esta alegría que da fortaleza, terminaremos más cansados que cuando empezamos.

¿Cómo obtenemos la alegría del Señor en nuestras vidas? Es la alegría del Señor, así que obviamente debemos mirar lo que el Señor dice acerca de esto. En Juan 15–17, escuchamos al Señor Jesús hablando a sus seguidores sobre las maneras en que él concede esta alegría. Si queremos una nueva fortaleza, debemos hacer las cosas que él nos dijo que hiciéramos en estos versículos, y debemos hacerlo con un enfoque en el hecho de que él quiere usar estas cosas para darnos alegría.

Si has sido un seguidor de Cristo en cualquier momento, sabes lo fácil que es perder el foco en la alegría. Te encuentras dedicándote a los hábitos espirituales, tratando de ser más poderoso, cuando la verdadera intención es que te vuelvas más alegre. Sentirte poderoso no es tu fortaleza; la alegría del Señor es tu fortaleza. Esta es la verdad que bien podría contener el secreto de la vida de fe que has estado anhelando.

En Juan 15.11, Jesús dice: «Les he dicho esto para que tengan mi alegría y así su alegría sea completa». ¿Qué les había dicho que les daría esta alegría? En el versículo 9, Jesús dijo: «Permanecerán en mi amor». Experimentar la alegría del Señor significa que permaneces conectado con Cristo. Depende de él para tus necesidades diarias, y reconoce que el significado de tu vida viene solo de él.

Luego, en Juan 15.10, 12, Jesús dice que, para permanecer conectados con él, debemos obedecer su orden de amarnos unos a otros. Experimentar la alegría del Señor significa que permanecemos conectados con otros cristianos.

Esto puede parecer una fórmula demasiado simple para la alegría: permanecer conectados con Dios; permanecer conectados con otros. Pero no es una fórmula; es una relación con Dios y con los demás. ¡Y las relaciones no tienen nada de simples! Una pérdida de alegría en nuestras vidas es *siempre* un llamado para acercarnos a Dios y a otros creyentes.

En Juan 16.20, Jesús continúa hablando sobre la alegría: «Ciertamente les aseguro que ustedes llorarán de dolor, mientras que el mundo se alegrará. Se pondrán tristes, pero su tristeza se convertirá en alegría». Esa es la alegría del mundo real. La alegría del Señor no está dibujando permanentemente una sonrisa feliz en nuestras caras y fingiendo que todo está bien. A veces *no* todo está bien.

Jesús dice que nos lamentaremos; que enfrentaremos dificultades en esta vida. Pero nuestro dolor puede convertirse en alegría, porque su alegría supera cualquier dolor que podamos enfrentar.

Por favor, sé consciente de que no tengo la intención de minimizar tu pena al decir esto. *Estoy maximizando la alegría del Señor.* Es eterna. Cubre cada dolor que tenemos que enfrentar.

«La alegría del SEÑOR es tu fortaleza». La alegría te da la fortaleza que has estado buscando. Si tu fortaleza para reconstruir está fallando, no trates de ser más determinado. Más bien, busca tener más alegría.

Este es el secreto que muchos no aprenden nunca, por lo que siguen fracasando una y otra vez. Tratan de ser más determinados, pero no tienen ganas de serlo, e incluso si se vuelven determinados, todo lo que sienten es ser más determinados. Y en la determinación sola, comienza a establecerse un cierto tipo de cansancio. Eso es porque la determinación no es donde está tu verdadera fortaleza; la alegría del Señor es tu fortaleza.

Tu determinación se erosionará eventualmente; para algunos de nosotros, sucederá más pronto que para otros. La alegría del Señor no se agotará *nunca*; es una fuente inagotable de fortaleza para vivir. No podemos hacer la obra del Señor sin la alegría del Señor.

La celebración no es solo algo que hacemos cuando toda la reconstrucción ha terminado. La celebración nos da la fortaleza que necesitamos a lo largo del camino. Así que no esperes hasta que todo haya terminado para celebrar; comienza hoy. Puesto que la alegría del Señor es nuestra fortaleza, necesitamos fortaleza para cada día, y también necesitamos alegría.

¿Qué piensas cuando oyes la palabra *alegría*? A veces la mala interpretación de una palabra puede hacer toda la diferencia.

Hace años, Chaundel y yo nos dirigíamos a una reunión de iglesias en el centro de convenciones de Riverside. Salimos un poco tarde y luego nos perdimos en medio de un montón de calles con nombres de cítricos en esa parte de la ciudad. Las calles Naranja, Limón y Toronja parecían entremezclarse.

Por último, vi un enorme letrero en la esquina que decía «Centro de convenciones del condado Riverside». Encontramos un lugar de estacionamiento en la calle cerca de una puerta lateral, salimos del auto y corrimos hacia la puerta, solo para encontrarla cerrada. Tocamos la puerta varias veces, esperando que alguien oyera los golpes y nos dejara entrar, pero no vino nadie.

Cuando nos dirigimos a la parte delantera del edificio, pasamos por el gran aviso. Vi que lo había leído mal. No era el Centro de convenciones del condado Riverside; era el Centro *correccional* del condado de Riverside. ¡Habíamos estado intentando irrumpir en la cárcel del condado!

Afortunadamente, no fuimos arrestados. Finalmente nos dirigimos al centro de convenciones, un poco retrasados y habiendo aprendido una enorme lección sobre la importancia de una sola palabra.

Cuando leas la palabra *alegría*, espero que no veas la palabra *trabajo*. Esto no es cuestión de que tu trabajo consista en ser feliz en Jesús. Es un regalo que él quiere darte. No es la alegría de (inserta tu nombre) lo que es tu fortaleza; es la alegría *del Señor* lo que es tu fortaleza.

Esa alegría comienza con la adoración celebratoria. Puesto que se trata de la alegría del Señor, no la encontraremos si no celebramos con el Señor. En esa celebración, somos fortalecidos para ver lo que Dios ha reconstruido por última vez, e incluso convertido en una bendición para los demás de formas que nunca habríamos imaginado.

CELEBRA PARA MANTENER TU ALEGRÍA:
Mis primeros pasos

LA CELEBRACIÓN SURGE DE LA ADORACIÓN

Algunos pasos simples que pueden tener un gran impacto:

- Si no has estado asistiendo a la adoración con otros, comienza por aquí.
- Si necesitas aclarar algo con alguien con quien adoras, hazlo hoy.
- La próxima vez que adores, honra las Escrituras anotando una cosa que sientas que Dios te está guiando a hacer a través de los versículos de la Biblia que son leídos y enseñados.
- Comparte con alguien lo que Dios ha obrado en ti a través de una experiencia de adoración.
- Guarda silencio: intenta sentarte dos minutos en silencio ante Dios. En lugar de hablar, limítate a escuchar.

LA CELEBRACIÓN RESULTA EN ALEGRÍA

Pregúntate si estás tratando de adquirir fortaleza al sentirte poderoso, o si estás confiando en Dios por su fortaleza al ser alegre.

Memoriza estas palabras de Nehemías 8.10: «... el gozo del Señor es nuestra fortaleza».

Deja que estas siete palabras circulen por tu mente varias veces al día, tanto cuando te sientas fuerte como cuando te sientas débil.

Capítulo 7

DEDÍCASELO A DIOS

Lo que está dedicado a Dios
es lo que perdurará

Resuelvo, nunca hacer ninguna clase de cosas, ya sea en alma o cuerpo menos o más, que tienda a aminorar la gloria de Dios.

**Número cuatro de las setenta resoluciones
de Jonathan Edwards**

La confianza en Dios debe comenzar cada día como si nada se hubiera hecho todavía.

C. S. Lewis

Por lo tanto, hermanos, tomando en cuenta la misericordia de Dios, les ruego que cada uno de ustedes, en adoración espiritual, ofrezca su cuerpo como sacrificio vivo, santo y agradable a Dios.

Romanos 12.1

Seguramente sabes algo de Miguel Ángel, pero, ¿has oído hablar de Colalucci? Miguel Ángel creó algunas de las obras de arte más maravillosas y conocidas del mundo, incluyendo el techo y la pared del altar de la Capilla Sixtina. Gianluigi Colalucci fue el principal restaurador de la obra del gran artista en lo que podría ser uno de los proyectos de restauración artística más importantes de la historia.

Una mirada a la obra del pintor y del restaurador nos dice algo sobre la paciencia que se necesita para restaurar. Las paredes sur y norte de la Capilla Sixtina fueron pintadas de 1481 a 1483, el techo de 1508 a 1512, la pared del altar de 1536 a 1541, y la pared oriental en 1572 y 1574. El tiempo total para completar la obra fue de doce años. Mientras tanto, el proyecto de restauración, iniciado por Colalucci en junio de 1980, fue desvelado por el Papa Juan Pablo II el 8 de abril de 1994. Eso suma catorce años. ¡La restauración tardó más que la pintura original!

Esto plantea la pregunta, ¿por qué restaurar en absoluto? Si toma tanto tiempo restaurar algo, ¿por qué no demolerlo simplemente y empezar de ceros? La respuesta en el caso de la Capilla Sixtina es obvia: fue restaurada porque era una obra de arte invaluable. ¡Tú eres igual, una obra de creación de valor inconmensurable para Dios! La restauración de una relación, carrera, negocio o sueño es invaluable para Dios. Desechar esto sería tan tonto como pasar pintura blanca sobre las imágenes de Dios y Adán en la Capilla Sixtina, porque sería más rápido y más fácil empezar de nuevo.

Nunca olvides que en cualquier cosa que estés recomponiendo, la restauración más significativa es lo *que Dios está haciendo en ti.* Por medio de cada circunstancia, él está obrando para llevar a tu vida más del carácter de Cristo: el amor, la gracia, la esperanza y el gozo de Jesús.

Cuando Gianluigi Colalucci reflexiona sobre sus experiencias como restaurador en jefe, él describe cuidadosamente cómo emprendió la tarea de restaurar el rostro de Adán:

> Pude proceder con la mezcla de disolventes, que era gelatinosa y adherida al fresco incluso en medio del techo. La apliqué con un pincel, dejé que obrara durante tres minutos, cronómetro en mano, y luego comencé a quitarla con una pequeña esponja empapada en agua [...] La desagradable masa de sustancias desapareció lentamente bajo mis manos para revelar un patrón de pinceladas de color puro estrechamente entretejido para crear o, de hecho, para esculpir la forma del rostro, que ahora podía respirar de nuevo [...] Hice una pausa tras el encanto ante esta obra pictórica, que había recuperado su coloración extremadamente delicada [...] Descendí de la tarima baja de madera y me senté para contemplar con alegría ese espectáculo, pensando que a pesar de todo, esta era la mejor profesión del mundo.[16]

Restaurar el rostro de Adán es una imagen convincente de lo que Dios quiere hacer en la vida de cada uno de nosotros. La Biblia a menudo presenta a Adán como el representante de toda la raza humana, porque su pecado trajo la necesidad de restauración a todos nosotros. Ese, por supuesto, no es el final de la historia. En el

---

16. Gianluigi Colalucci, *Michelangelo, and I: Facts, People, Surprises, and Discoveries in the Restoration of the Sistine Chapel* (Milán, Italia: 24 Ore Cultura, 2016), pp. 132–33.

amor y sacrificio de Jesús, a todos se les ofrece la restauración de una relación con Dios. Romanos 5.18 lo expresa así: «Por tanto, así como una sola transgresión causó la condenación de todos, también un solo acto de justicia produjo la justificación que da vida a todos».

Mediante el amor de Cristo, Dios está restaurando la obra de arte que eres. Él te está haciendo parecer más y más a Jesús cada día. Con frecuencia es un trabajo lento, pero él es paciente. Mira con cuidado, y podrás imaginarlo limpiar suavemente la mugre y la suciedad del pasado, teniendo cuidado de no destruir la belleza subyacente que creó en ti. La terminación prometida de este proyecto está casi más allá de nuestra imaginación: «Y, así como hemos llevado la imagen de aquel hombre terrenal, llevaremos también la imagen del celestial» (1 Corintios 15.49). Dios sacará todo el color de la obra maestra que ha creado para que tú seas, y todos verán que esta belleza es por causa de Cristo. Esta es la gloria de Dios.

La verdad de lo que Dios está obrando en cada uno de nosotros conduce directamente a nuestra necesidad de dedicar lo que estamos haciendo a Dios. Dedicar es decidir que algo será usado por el bien de la gloria de Dios. Cuando reconocemos que Dios está obrando en torno a esta gloriosa restauración en cada uno de nosotros, se hace mucho más fácil dedicarle cada circunstancia de vida.

Porque todo lo que se construye o reconstruye para mantenerse fuerte, debe ser dedicado a Dios. Para tener una familia fuerte, debes dedicarla a Dios. Para tener un negocio, iglesia o vida fuerte, debes dedicarlos a Dios. Sin dedicación, verás que lo que has construido comienza a decaer; con dedicación, verás que sigue siendo fuerte.

La dedicación es un paso vital para aquellos que quieren ver que lo que han reconstruido permanece. Muchísima gente le confía a Dios tener la fortaleza para restaurar una relación o una carrera, solo para llevarla de nuevo a ellos mismos una vez que ha concluido la ardua labor de la reconstrucción. En medio de nuestra desesperación para evitar el fracaso, confiamos en Dios, pero cuando esta crisis queda atrás, comenzamos a confiar en nosotros de nuevo.

El pueblo de Israel pasó por este patrón en repetidas ocasiones. Confiaban en Dios y las cosas mejoraban; confiaban de nuevo en sí mismos y las cosas se derrumbaban; entonces tenían que confiar de nuevo en Dios; era el mismo patrón una y otra vez.

La clave para que no suceda ese patrón está en dedicarlo todo a Dios. Nehemías es nuestro ejemplo una vez más. Él sabía que la muralla no se completaría hasta que hubiera sido dedicada. La dedicación no era una pequeña ceremonia de celebración al final del proyecto; era una parte muy importante de la reconstrucción. La dedicación reconocía a quién pertenecía la muralla y quién recibiría el crédito por su utilidad.

A menos que la dedicación sea parte de nuestra vida cotidiana, nos sentiremos como si estuviéramos viviendo una vida a medias, porque el propósito de la vida surge a partir de la dedicación. Es a partir de nuestra dedicación de lo que Dios ha puesto en nuestras manos que reconocemos por qué está ahí y para qué puede utilizarse.

Nehemías ofrece cuatro descripciones específicas de lo que se inscribe en el tipo de dedicación que resulta en esta plenitud de vida. Algo de lo que él ofrece podría sorprenderte. Todo ello te desafiará.

LA DEDICACIÓN COMIENZA CON EL AGRADECIMIENTO

Nehemías coloca el *agradecimiento* justo al comienzo: «Cuando llegó el momento de dedicar la muralla, buscaron a los levitas en todos los lugares donde vivían, y los llevaron a Jerusalén para celebrar la dedicación con cánticos de acción de gracias, al son de címbalos, arpas y liras» (Nehemías 12.27).

Si no podemos agradecer a Dios por ello, no podemos dedicarlo a Dios. Si nuestra actitud es: «Dios, detesto mi trabajo [o mi matrimonio o...], pero te lo dedico porque sé que es lo que se supone que debo hacer», realmente no estamos dedicándolo a Dios; solo estamos usando palabras espirituales para decirle a Dios cuánto nos defraudó.

Si decimos en cambio con un corazón humilde: «Dios, estoy teniendo dificultades en mi trabajo [o en mi matrimonio o...], pero incluso en esa dificultad, te agradezco por ese trabajo [o matrimonio o...] y te lo dedico», es una actitud totalmente diferente. Esa es una actitud honesta de acción de gracias.

Hay dos aspectos específicos que aprendemos de Nehemías sobre la dedicación y el agradecimiento.

En primer lugar, dar gracias lidera el camino. Como vemos con varios líderes en el Antiguo Testamento, Nehemías hizo que los coros que daban gracias lideraran el camino en este día de dedicación; no los oficiales o los soldados, sino los coros. En Nehemías 12.31 leemos: «Luego hice que los jefes de Judá subieran a la muralla, y organicé dos grandes coros. Uno de ellos marchaba sobre la muralla hacia la derecha...» Y luego, en el versículo 38, leemos: «El segundo coro marchaba en dirección opuesta. Yo iba detrás, sobre la muralla, junto con la otra mitad de la gente».

La alegría agradecida tomó la delantera. Las personas dedicadas han aprendido a dejar que las gracias lideren el camino en sus vidas. Pensamos erróneamente que el agradecimiento sigue a nuestros éxitos; pero más bien, suele precederlos. Damos gracias a Dios por algo aparentemente pequeño, y de ese agradecimiento, él hace algo aún mayor.

Dedícaselo a Dios

El segundo factor específico es que *el agradecimiento debe escucharse*. En Nehemías 12.43, leemos: «Ese día se ofrecieron muchos sacrificios y hubo fiesta, porque Dios los llenó de alegría. Hasta las mujeres y los niños participaron. Era tal el regocijo de Jerusalén que se oía desde lejos». No es realmente un agradecimiento a menos que se escuche, a menos que podamos contarle a alguien acerca de ello.

Las personas dedicadas no solo sienten su agradecimiento; lo expresan. Los coros nos recuerdan que una de las maneras de expresarlo es a través del canto. La Biblia nos ordena en el Nuevo Testamento expresar nuestro agradecimiento a través de «salmos, himnos y canciones espirituales» (Efesios 5.19). Esta es una orden para todos nosotros, y no una actividad opcional solo para los cantantes realmente buenos. Esto no es cuestión de lo bien que cantemos, sino de lo que el canto hace por nuestros corazones. Si crees que no cantas muy bien, de modo que «escucharé cantar a todos los demás», te estarás perdiendo de una de las grandes cosas que Dios quiere hacer en tu corazón mientras adoras.

También podemos expresar las gracias diciendo a la gente por qué estamos alabando a Dios por lo que ha hecho en nuestras vidas. Por ejemplo: «Estoy agradecido con Dios por la forma en que ha estado usando a otros para animarme esta semana». Podemos declarar nuestro agradecimiento al escribir sobre él en los medios sociales o en un blog. Al expresarlo más allá de nosotros mismos, se vuelve más una parte de nosotros y tiene un impacto en el corazón de los demás.

En la inundación que tuvimos, todas nuestras posesiones estuvieron bajo el agua y el lodo durante un par de semanas. Esto incluía nuestras computadoras, los programas y los discos de datos. En esa época, se trataban de disquetes de 5¼ pulgadas. Además de varios juegos y programas, muchos de los discos contenían un par de años de mis sermones y los datos de varias compañías atendidas por el negocio de contabilidad de Chaundel. Nuestras copias de seguridad en ese momento estaban impresas en archivadores que también quedaron bajo el agua.

Llevamos estos discos llenos de barro a varios talleres de reparación de computadoras, y se rieron de nosotros. No teniendo nada que perder, sacamos los delgados círculos de película de sus estuches, lavamos cuidadosamente el barro, los secamos y los pusimos en estuches nuevos.

Chaundel le contó la historia a los feligreses de la iglesia: «Cuando colocamos esos discos en una computadora nueva, ninguno de los programas ni de los juegos funcionó. Pero *cada palabra* de los sermones de Tom se salvó. ¡*Cada número* de mi negocio de contabilidad fue recuperado!». Mientras la gente aplaudía a manera de celebración, su dedicación se vio profundizada porque Chaundel compartió su alabanza.

Imagina ahora mismo una persona verdaderamente dedicada a su tarea. ¿Está sonriendo? Cuando imaginamos la dedicación, tendemos a imaginar un gesto de determinación en la cara de alguien. La dedicación es obviamente un asunto serio. Pero es un asunto serio que se lleva a cabo con agradecimiento y alegría. *La dedicación comienza con alegría agradecida.* Si no imaginas eso como parte de la dedicación, no podrás vivir una vida dedicada.

Hemos estado hablando acerca de dar gracias. Pasemos unos minutos poniéndolo en práctica antes de seguir adelante.

En estos momentos, dile gracias a Dios. Agradécele por las cosas que te vienen a la mente ahora mismo. Tal vez sea tu familia y las bendiciones que Dios te ha dado. Tal vez sean oportunidades en el ministerio que te permiten hacer una diferencia en este mundo. Tal vez sea la manera en que Dios está satisfaciendo una necesidad práctica en tus finanzas o en un trabajo. Al agradecer a Dios, reconoce que tu expresión de gratitud es parte de la dedicación de tu corazón a él en alegría agradecida.

LA DEDICACIÓN SE DEMUESTRA CON LA PURIFICACIÓN

Como personas que Dios está utilizando para sus propósitos, *nuestra dedicación se demuestra con nuestra purificación*: «Después de purificarse a sí mismos, los sacerdotes y los levitas purificaron también a la gente, las puertas y la muralla» (Nehemías 12.30). ¿Cómo te purificas a ti mismo para los propósitos de Dios? La verdad es que no te purificas a ti mismo. Es Dios quien te purifica. Sin entrar en detalles extensos, incluso la purificación que hicieron estos levitas esperaba a Jesús y a la purificación que él les traería.

Puedes ser purificado para el propósito de Dios al *reconocer lo que Jesús hizo* por ti en la cruz. No trates de purificarte a ti mismo. No puedes hacerlo, porque eres impuro. Algo que es impuro no puede hacer algo que sea puro. Jesús es puro, así que cuando lo miras y confías en lo que hizo por ti, él es tu purificación. En su oración por sus discípulos, Jesús dijo: «Y por ellos me santifico a mí mismo, para que también ellos sean santificados en la verdad» (Juan 17.19).

Debido a lo que Jesús hizo en la cruz, comienzas a vivir una vida santa y dedicada. Esto significa permitir a Dios *sacar de tu vida esas cosas que no tienen lugar*. Pablo señala algunas de ellas en su carta a los Efesios: «Entre ustedes ni siquiera debe mencionarse la inmoralidad sexual, ni ninguna clase de impureza o de avaricia, porque eso no es propio del pueblo santo de Dios. Tampoco debe haber palabras indecentes, conversaciones necias ni chistes groseros, todo lo cual está fuera de lugar; haya más bien acción de gracias» (Efesios 5.3, 4). Igualmente importante, ser purificado para el propósito de Dios significa *permitir que Dios ponga en tu vida aquellas cosas que realmente le pertenecen.*

La purificación no consiste solo en no hacer ciertas cosas. Algunas personas piensan que para ser verdaderamente puras, simplemente significa no hacer esto o aquello, y que por lo tanto son puras. Si eso fuera cierto, las personas más puras del mundo estarían *muertas* porque no hacen nada. Por supuesto que la pureza tiene algo que ver con lo que no haces: los pecados que no cometes. Pero también tiene algo que ver con lo que decides hacer: la obediencia que le muestras a Dios.

La pureza se ve en *lo que buscas.* ¿Qué estás buscando? Si estás tratando de ser puro solo por no hacer ciertas cosas, has perdido de vista la mayor parte de aquello en lo que consiste la pureza, y estás involucrado en un proceso autodestructivo. La única manera de huir de aquello que está mal es apresurarte hacia lo que es correcto. La dedicación y la pureza se ven más en lo que buscas que en lo que no haces.

En la época de Nehemías, todo era parte de esta dedicación a la pureza. El pueblo, las puertas y la muralla: los sacerdotes y los levitas lo purificaron todo. El mayor peligro para nuestra dedicación radica en la falsa idea de que podemos segmentar nuestras vidas en lo dedicado y en lo no dedicado; que cuando estoy en la iglesia, soy dedicado; y cuando estoy en el trabajo, tal vez no soy tan dedicado. Y cuando estoy con ciertos amigos, no soy dedicado en absoluto.

La dedicación es una proposición de todo o nada

Pensar en la dedicación como una premisa de todo o nada es profundamente desalentador para muchos, porque nos vemos en el aspecto de la «nada» de esa ecuación. Somos muy conscientes de nuestras batallas con el pecado. Déjame decir tres breves palabras de aliento si te ves a ti mismo como alguien que ama a Jesús, pero nunca podrías dedicarte a él con esta clase de pureza.

Primero, *tú no estás solo*. Todos luchamos con el pecado; todos necesitamos un Salvador. El apóstol Juan escribió estas palabras en el primer capítulo de su primera carta: «Si afirmamos que no tenemos pecado, nos engañamos a nosotros mismos y no tenemos la verdad» (1 Juan 1.8).

En segundo lugar, *tienes esperanza*. Debido al don de pureza por el que Jesús murió para ofrecerte, en este momento puedes estar tan dedicado a Dios como cualquier otro cristiano. El camino a esa dedicación se encuentra en el siguiente versículo en 1 Juan: «Si confesamos nuestros pecados, Dios, que es fiel y justo, nos los perdonará y nos limpiará de toda maldad» (1 Juan 1.9). La confesión, y no la perfección, es el camino hacia la pureza para los seguidores de Jesús.

En tercer lugar, *puedes comenzar a vivir esta dedicación en las cosas pequeñas*. El predicador británico G. Campbell Morgan señaló: «El año está compuesto de minutos. Deja que estos sean vistos como dedicados a Dios. Es en la santificación de lo pequeño que la consagración de lo grande es segura».[17]

Dedicamos el próximo año a Dios dedicándole el siguiente minuto. Dedicamos nuestras carreras a Dios dedicándole la siguiente tarea, por pequeña que sea. Dedicamos a Dios nuestro amor por nuestras familias dedicándole la siguiente conversación.

Recuerda a Chad y a Julie, la pareja cuya restauración de su matrimonio vimos en el capítulo 2. Sabiendo lo difícil que puede ser mantener un matrimonio creciendo a lo largo del tiempo, les

---

17. Citado en Patrick Kavanaugh, «Are You Vegetating or Worshiping?» en *Times of Refreshing: A Worship Ministry Devotional*, ed. Tom Kraeuter (Lynnwood, WA: Emerald Books, 2002), p. 80.

pregunté cómo lo mantuvieron dedicado a Dios. La respuesta de Julie es un ejemplo de cómo la dedicación en las cosas pequeñas se convierte rápidamente en algo grande.

Julie dijo: «Para mí, era cuestión de cambiar con quién hablaba. Solía llamar a un amigo que estaba de acuerdo conmigo cada vez que estuviera enojada con Chad. Decidí que parte de mi dedicación sería hablar con Dios acerca de ello, y no con la persona que alimentaba mis sentimientos de ira.

»Tuvimos una discusión en el auto, y Chad bajó de él. Mi teléfono estaba en mi regazo, y yo quería cogerlo y llamar a alguien. Oré: "Dios, tú me dijiste que acudiera a ti, pero realmente quiero llamar a alguien en este instante". Mientras yo oraba, Chad regresó al auto. Él nunca había hecho esto; se mantenía alejado cuando discutíamos. No supe qué decir. ¡Y luego él se disculpó! Eso me sorprendió».

Puede ser útil mencionar aquí una controversia importante que ocurrió durante la restauración de la Capilla Sixtina. A medida que la obra de arte comenzó a ser limpiada, muchas personas se sintieron incómodas con los colores vibrantes que comenzaron a surgir. Sin explorar plenamente los detalles de esta controversia, una cosa cierta es que los matices más oscuros de un techo que había sido cubierto por años de suciedad se habían vuelto más familiares que el original. Así que la gente luchó contra el cambio.

Este mismo malestar ocurre cuando Dios restaura nuestros corazones y nuestras mentes. Nos hemos sentido cómodos con las viejas maneras de pensar y de hacer, por lo que al comienzo, la restauración nos parece desconocida, aterradora y equivocada de alguna manera. Tenemos miedo de la belleza porque nos hemos acostumbrado a la suciedad. Tenemos miedo de la luz porque nos hemos acostumbrado a la oscuridad. Es natural temer lo nuevo que quiere hacer Dios, porque todos tememos lo desconocido. Es emocionante cuando empezamos a abrazar lo nuevo que está haciendo Dios, porque es lo que fuimos creados para ser.

LA DEDICACIÓN SE EXPRESA DANDO

La dedicación se expresa *devolviendo a Dios de lo que él te ha dado.* Dios restaura tu matrimonio, no solo para que puedas disfrutar de ese matrimonio por ti mismo, sino para que ahora puedas devolverle a partir de ese matrimonio. Dios renueva a tu familia para que puedas devolverle a partir de esa familia. Dios reconstruye tu carrera para que puedas devolverle a partir de esa carrera. Él restaura tus finanzas, no solo para que tengas más dinero, sino para que puedas devolverle.

Dar es la esencia de la dedicación. Dar nuestro tiempo, nuestras posesiones, nuestros talentos y nuestra preocupación se suma al hecho de darnos a nosotros mismos.

Al mirar lo que los israelitas dieron en este día de dedicación, vemos específicamente cómo cedieron sus posesiones:

> Aquel día se nombró a los encargados de los depósitos donde se almacenaban los tesoros, las ofrendas, las primicias y los diezmos, para que depositaran en ellos las contribuciones que provenían de los campos de cada población y que, según la ley, les correspondían a los sacerdotes y a los levitas […] En la época de Zorobabel y de Nehemías, todos los días los israelitas entregaban las porciones correspondientes a los cantores y a los porteros. Así mismo daban las ofrendas sagradas para los demás levitas, y los levitas a su vez les entregaban a los hijos de Aarón.
>
> **Nehemías 12.44, 47**

Obviamente, las posesiones no son lo único que damos. Sin embargo, aparte de dar esas cosas que Dios ha puesto en nuestras manos, todos los otros tipos de dádivas tienden a marchitarse. También es cierto que el simple acto de dar cosas materiales abre la puerta a muchas otras bendiciones en nuestras vidas, ahora y en la eternidad. Su ejemplo nos enseña cuatro cosas sobre cómo el hecho de dar se convierte en una expresión de nuestra dedicación.

Con toda honestidad, me pregunté acerca de incluir esta sección de Nehemías sobre la enseñanza. Me preocupaba que podría sonar demasiado como una clase sobre el diezmo en medio de un libro sobre la reconstrucción. Decidí incluirla por la frecuencia con la que he visto que el simple acto de dar posesiones abre la puerta a una fe mayor. En nuestra era materialista, hay algo sobre el hecho de dar que multiplica nuestra fe como ninguna otra cosa. Con los años, he recibido no solo cientos, sino miles de testimonios de esta verdad.

En primer lugar, *da con obediencia*. Los israelitas dieron las porciones requeridas por la ley. La razón por la que damos es porque Dios nos ordena dar. Dios quiere que le demos porque él es un dador: «Porque tanto amó Dios al mundo que dio a su Hijo unigénito» (Juan 3.16). Dar no es un requisito legalista; es una obediencia amorosa.

En segundo lugar, *da de manera responsable*. Los israelitas nombraron a algunos para que estuvieran a cargo de los regalos para asegurarse de que estos fueran usados para los propósitos de Dios. Ellos se aseguraron de que los regalos no se perdieran y que nadie se los llevara para usarlos personalmente. Damos de manera responsable cuando planificamos nuestra donación y cuando damos a una iglesia que sabemos que usará lo que damos para los propósitos de Dios.

En tercer lugar, *da en cooperación*. *Todos* los israelitas dieron; no fueron solo unos pocos ricos. Si no tenemos cuidado, podemos empezar a sentir que aquellos que tienen mucho pueden dar más.

Jesús enseña muy claramente que aquellos que parecen tener menos son los que realmente pueden dar más. El regalo sacrificado más valorado que ha existido fueron dos monedas pequeñas de una viuda. Jesús dijo que nadie había dado como ella porque ella dio todo lo que tenía (Lucas 21.1–4).

Si sientes que no tienes suficiente para dar que haga una diferencia, necesitas reconocer que Dios no está mirando la cantidad; él está mirando tu corazón. Es por eso que das en primer lugar. Dios quiere la obediencia de tu corazón que representa el regalo. Debido a que la contabilidad de Dios es diferente de la nuestra, cada regalo tiene la misma importancia. Damos con cooperación porque todos tenemos una parte en lo que Dios está haciendo.

Por último, *da con sacrificio*. Los israelitas ofrecieron grandes sacrificios en ese día de dedicación. No parecían dar lo menos que pudieran para ser respetables; daban lo máximo que podían debido a su respeto por la grandeza de Dios. Cualquier sacrificio que hagamos, Dios nos bendice a cambio. Pero al momento de dar, no siempre parece de esa manera. En ese momento, hay una decisión de sacrificar.

Da obedientemente, responsablemente, cooperativamente y con sacrificio. Dar es parte de tener un espíritu de dedicación. Un espíritu de dedicación es vital para ver que lo que hemos reconstruido permanece.

LA DEDICACIÓN SE DEBE RENOVAR

Aprendemos de Nehemías que la *dedicación tiene que renovarse regularmente*. A medida que leemos estas secciones de Nehemías, puede parecer que estos israelitas son un grupo de seguidores de

Dios perfectamente dedicados. Al leer Nehemías 13, vemos que lucharon para lograr una dedicación duradera.

¿Qué hacemos cuando nuestra dedicación parece menguar? Podemos resignarnos a la derrota; podemos inventar todo tipo de excusas; o podemos asignarnos un nuevo compromiso. La verdad es que todos nosotros debemos renovar regularmente la dedicación.

Nehemías nos señala el proceso por el que debemos pasar para renovar nuestra dedicación, un proceso que enfrentaremos muchas veces en nuestras vidas de fe.

Deja de esquivar el problema

El proceso comienza con el compromiso de dejar de esquivar el problema. En 13.11, Nehemías escribe: «Así que reprendí a los jefes y les dije: "¿Por qué está tan descuidado el templo de Dios?"». Luego los reuní y los restablecí en sus puestos». Los funcionarios estaban descuidando algunas de las cosas que habían originado su éxito, y Nehemías los reprendió. En el capítulo 1 de este libro, aprendimos que el primer paso para recomponer algo es admitir que hay un problema. Ahora hemos llegado al final del círculo: una vez más, los israelitas deben enfrentar un problema.

Cuando empezamos a fingir que un problema no lo es, ¡realmente tenemos un problema! Sabes que estás negando la realidad cuando no eres capaz de hablar de algo o esperas que nadie note nada. Es ahí donde necesitas ser honesto contigo. Deja de eludir el problema y pídele a Dios que te ayude a comenzar a dedicarle tu vida de nuevo.

Deja de hacer concesiones a tu enemigo

El siguiente paso es dejar de hacer concesiones a tus enemigos. Hacer concesiones es el gran enemigo del compromiso. Hacemos concesiones lentamente a partir de la dedicación. Casi nunca hay una gran decisión que tomemos para no estar comprometidos; nuestra perdición se da en una serie de pequeñas concesiones.

Aprendamos cómo manejó Nehemías este tipo de desafío:

> Para ese entonces yo no estaba en Jerusalén, porque en el año treinta y dos de Artajerjes, rey de Babilonia, había ido a ver al rey. Después de algún tiempo, con permiso del rey regresé a Jerusalén y me enteré de la infracción cometida por Eliasib al proporcionarle a Tobías una habitación en los atrios del templo de Dios. Esto me disgustó tanto que hice sacar de la habitación todos los cachivaches de Tobías. Luego ordené que purificaran las habitaciones y volvieran a colocar allí los utensilios sagrados del templo de Dios, las ofrendas y el incienso.
>
> **Nehemías 13.6–9**

Tal vez recuerdes de Nehemías 2 que Tobías y Sambalat fueron los dos grandes oponentes de la reconstrucción de la muralla. Eliasib había dado a Tobías una habitación en los atrios del templo de Dios. Aquí vemos al mismo hombre que había sido un enemigo de la reconstrucción haber asegurado ahora y de alguna manera una habitación en uno de los atrios que habían sido reconstruidos.

Tal vez Tobías pagó una buena suma de dinero por ello, y la gente pensó: *Este es un gran negocio.* Tal vez los convenció de que sería una buena política. Por alguna razón, el equipo para el templo de Dios está guardado en un armario mientras que Tobías disfruta de esta habitación.

La lección aquí es la siguiente: el enemigo seguirá tratando de instalarse de nuevo. Es por eso que debes dejar de hacer concesiones y volver a un lugar de compromiso. Si te contactas de nuevo con los amigos que acabaron con tu matrimonio, una vez que lo restablezcas intentarán destruirlo de nuevo. Si comienzas a coquetear con el hábito que causó tu adicción, te encontrarás cayendo otra vez.

¡Deja de hacer concesiones a tus enemigos! Nehemías no dijo: «Saquemos solo algunas cosas; tal vez podamos compartir la habitación». Él sacó simplemente todos los enseres de la casa de Tobías. Y luego volvió a colocar los enseres del templo de Dios en esa habitación. La acción a emprender es obvia: Has permitido que algunas cosas malas lleguen de nuevo a tu vida. ¡Sácalas! ¡Coloca de nuevo las cosas de Dios!

Decide eliminar las oportunidades para el pecado

El tercer paso en el proceso de renovar tu dedicación es tomar la decisión de suprimir las oportunidades para el pecado. Suprímelas antes de llegar al lugar en el que dejaste que entraran las cosas negativas. Echa un vistazo a lo que sucedió:

> Entonces ordené que cerraran las puertas de Jerusalén al caer la tarde, antes de que comenzara el sábado, y que no las abrieran hasta después de ese día. Así mismo, puse a algunos de mis servidores en las puertas para que no dejaran entrar ninguna carga en sábado [...] Luego ordené a los levitas que se purificaran y que fueran a hacer guardia en las puertas, para que el sábado fuera respetado.
>
> Recuerda esto, Dios mío, y conforme a tu gran amor, ¡ten compasión de mí!
>
> **Nehemías 13.19, 22**

Algunos habitantes de Judá habían estado llevando cargamentos de cereales y otros bienes en el día de reposo, un día en que los israelitas fueron ordenados por Dios a no trabajar. Tal vez los israelitas no solo conducían los carros, sino que terminaron descargando los cereales. Ellos pueden haber sabido que estaban quebrantando el día de reposo, pero podrían haber pensado fácilmente: *No tenemos otra opción. El cereal está aquí y tiene que ser descargado o se echará a perder.* No pudieron resistir la tentación de trabajar con el cereal el día que llegó.

Entonces, ¿qué hace Nehemías? Planeó por adelantado guardar el sábado cerrando las puertas para que el cereal no pudiera ser traído. No te pierdas las lecciones que hay aquí para la re-dedicación: debemos planear con antelación para *mantener lejos de nuestras vidas las cosas que nos están lastimando.*

Si estás luchando con la adicción al alcohol, planeas con antelación no ir a un bar, incluso si es solo para pasar el rato con tus amigos. Si estás pidiendo a Dios que te ayude a permanecer puro y no tener relaciones sexuales antes del matrimonio, no oras con esa chica por la pureza en el asiento trasero de tu auto. No, planeas con antelación no estar en el auto porque reconoces lo que puede pasar fácilmente en esa situación.

¿En qué lugar de tu vida necesitas planear con antelación para no ponerte en situaciones en las que cometas los mismos pecados una y otra vez? ¿De qué manera necesitas ordenar que se cierren las puertas y, luego, apostar guardias en esos campos de tu vida?

Llena tu vida con los propósitos de Dios

El cuarto paso en la re-dedicación es llenar tu vida con los propósitos de Dios. Tan importantes como son los tres primeros pasos en este proceso, no significarán nada a menos que des también el cuarto paso. Nunca bastará con tratar de bloquear lo que está mal; debes llenar tu vida al mismo tiempo con confianza en Dios para hacer lo que es correcto. Nehemías 13.30 dice: «Yo los purifiqué de todo lo extranjero y asigné a los sacerdotes y levitas sus respectivas tareas». Ellos necesitaban dejar de hacer lo que estaba erosionando su propósito volviendo a hacer lo que era correcto.

La importancia de esta verdad se capta en esa vieja frase: «Las manos ociosas son el patio de recreo del diablo». Si tenemos espacios que quedan vacíos en nuestras vidas, tienden a llenarse de cosas equivocadas. El mejor ejemplo de esto en la Biblia puede ser el Rey David. Cuando todos los reyes estaban en guerra, cuando se suponía que él estaba luchando por su país, decidió permanecer en la ciudad de Jerusalén, y cuando caminaba por el techo de su palacio vio a Betsabé y cayó en pecado (2 Samuel 11).

No huimos de la tentación cruzándonos de brazos y esperando a que desaparezca. No va a desaparecer. Huimos de la tentación corriendo a hacer lo que es correcto. En 2 Timoteo dice: «Huye de las malas pasiones de la juventud, y esmérate en seguir la justicia, la fe, el amor y la paz, junto con los que invocan al Señor con un corazón limpio». Huimos de lo que está mal; corremos hacia lo que está bien; y lo hacemos con aquellos que también persiguen la pureza.

La dedicación no vale nada como un sentimiento o pensamiento noble; solo demuestra su valor como una decisión. Muchas personas no entienden lo que estamos decidiendo. No estamos decidiendo «hacer cosas buenas» o «ser una buena persona». Esa es una decisión autodestructiva.

Cuando tratamos de hacer el bien con nuestro propio poder, tendemos a luchar internamente para hacer lo que es correcto y sucumbir constantemente a la tentación, o sentimos que estamos haciendo un gran trabajo en hacer lo que es correcto y caemos en el orgullo. Es el clásico dilema del «pecador o fariseo»; de cualquier manera, hemos perdido la conexión con el poder que Dios quiere darnos. El secreto está en dejar de tratar de ser dedicados y confiar más bien en Dios y dejar que nuestra dedicación fluya gracias a esa confianza.

A medida que nos acercamos al final de nuestra mirada sobre cómo recomponer las cosas cuando todo se ha ido a pique, volvamos a la iglesia en Marysville. Fue uno de los grandes privilegios de mi vida liderar a la gente en ese proyecto de construcción. Lo cierto es que a menudo, ellas me guiaron. Hubo más de un par de veces en que vi el número relativamente pequeño de personas en la iglesia y sentí que las estaba llevando a un proyecto que no podríamos terminar.

En esos momentos, ellas me recordaron que yo les había estado enseñando acerca de la fe y que ellas creían que Dios podía hacer grandes cosas. ¡No hay nada más sorprendente que tener tus propios sermones predicados de nuevo a él! Debido a su fe y sacrificio, después de reunirse durante unos cuantos años en un colegio comunitario, esta pequeña iglesia compró cinco acres de tierra al lado de una autopista y construyó un edificio para poder seguir sirviendo a la comunidad.

Varios meses después de estar en ese edificio nuevo, un pastor de nuestra zona —alguien al que yo no conocía— fue a la iglesia. Me dijo que ellos habían pensado en comprar la tierra en la que habíamos construido. De hecho, años antes, él y todo su equipo de liderazgo vinieron y se arrodillaron para orar en ese terreno por entonces vacío.

Ellos habían dedicado la tierra al uso de Dios y orado específicamente para que Dios permitiera que una iglesia fuera construida en esa tierra. «El único problema», me dijo sonriendo ese día, «¡es que no oramos para que *nuestra* iglesia fuera construida en este terreno!». Siguió diciendo que nuestro edificio se había convertido en una gran fuente de fe para su iglesia después de la inundación, al ver que sus oraciones eran respondidas de una manera que no esperaban.

Esa iglesia está hoy en esa propiedad como un testimonio entre millones a la obra fiel de reconstrucción de Dios. Su fidelidad nunca falla. Su resistencia nunca termina. A medida que él completa su trabajo de reconstruir una iglesia, un negocio, una relación o un propósito en tu vida, puedes continuar confiando en su promesa amorosa: «El Dios del cielo nos concederá salir adelante. Nosotros, sus siervos, vamos a comenzar la reconstrucción» (Nehemías 2.20).

DEDÍCASELO A DIOS:
Mis primeros pasos

Dedícate a estos siete principios para recomponer orando estos compromisos en voz alta:

1. Encontraré la fortaleza para comenzar.
2. Daré el primer paso.
3. Agradeceré a otros.
4. Esperaré y rechazaré la oposición.
5. Construiré a partir de mis éxitos.
6. Celebraré para mantener mi alegría.
7. Se lo dedicaré a Dios.

Padre nuestro, gracias por no ser un Dios que renuncia a mí cuando las cosas se van a pique. Eres un Dios que se manifiesta. Ya sea que yo parezca tenerlo todo junto o que todo se está desintegrando, tú estás ahí para fortalecerme y mostrarme el camino. En vez de mirar mis circunstancias, elijo mirarte. Dios del cielo, te pido que me concedas el éxito para que, como siervo tuyo, empiece a reconstruir y permanezca reconstruyendo. Pido esto en el nombre de Jesús. Amén.

RECONOCIMIENTOS

Dirijo mi gratitud al equipo de Zondervan, compuesto por John Sloan, Dirk Buursma y Stan Gundry, por sus palabras de ánimo durante los años.

Estoy agradecido por la fe del pueblo de Dios en Feather River Baptist Church, que estuvo dispuesto a animar la fe de un todavía joven pastor cuando reedificábamos juntos.

Estoy agradecido, también, por el amor valiente de los seguidores de Cristo en Saddleback Church, quienes me han mostrado cientos de ejemplos de lo que significa permitir a Dios juntar las piezas de nuevo.

Finalmente, mi agradecimiento se dirige a mi esposa, Chaundel, quien me ha fortalecido en nuestro andar diario en estas verdades y me ha animado a escribirlas.

Guía de estudio para
GRUPOS PEQUEÑOS

———

ENCUENTRA LA FORTALEZA PARA COMENZAR

PONTE AL DÍA/MIRA HACIA ADELANTE

1. Si te estás reuniendo por primera vez en grupo, recorran la habitación y comparte tu nombre, dónde naciste, y algo sobre tu vida.
2. ¿Qué imagen te viene a la mente cuando oyes la palabra *reconstruir*?

VERSÍCULO CLAVE

El Dios del cielo nos concederá salir adelante. Nosotros, sus siervos, vamos a comenzar la reconstrucción.

Nehemías 2.20

VIDEO DE ENSEÑANZA

Hay un video de enseñanza de diez minutos con Tom para cada semana de este estudio. Vean juntos la enseñanza de esta semana en YouTube.com/TomHolladay.

PREGUNTAS DE DESCUBRIMIENTO

Recuerda, no es vital abordar cada pregunta semanalmente. El objetivo es encontrar una sola pregunta que despierte una buena discusión y estímulo.

1. ¿Qué es lo que te gustaría recomponer?
2. Cómo te encuentras reaccionando a tus problemas ahora mismo: ¿con fe, duda, miedo, ansiedad, esperanza, o con alguna otra reacción?
3. ¿Hay algún lugar en tu vida en el que actualmente estés haciendo duelo por una pérdida?
4. ¿Cómo te ha ayudado la oración a ver una oportunidad para la fe? ¿Qué haces cuando no te sientes lleno de fe mientras oras?

VIVIR CON UN PROPÓSITO

Los cinco propósitos de Dios para cada uno de nosotros son la evangelización, el discipulado, el compañerismo, el ministerio y la adoración. En esta sección, veremos cómo podemos dar pasos prácticos para cumplir uno de esos propósitos basados en las verdades que hemos visto en este estudio.

LA ADORACIÓN

Haz planes para hacer un ayuno de un día en la próxima semana, o un tiempo más prolongado de oración si no puedes ayunar. Empieza por centrarte en quién es Dios y abre tu corazón a lo que él quiere estampar en ti acerca de quién eres.

Un consejo sobre esto: si todo lo que oyes son cosas negativas sobre ti, escucha más de cerca. Dios es amor, y tiene palabras de aliento y de corrección para sus hijos.

ORAR JUNTOS

Pide la fortaleza y la bendición de Dios en áreas como: «esto es lo que quiero recomponer» compartidas por cada miembro del grupo.

DA EL PRIMER PASO

PONTE AL DÍA/MIRA HACIA ADELANTE

1. Habla sobre lo que experimentaste en tus tiempos de ayuno o de oración durante esta última semana.
2. Cuando piensas en cómo un bebé da sus primeros pasos, ¿qué te dice eso acerca de los primeros pasos en nuestras vidas como adultos?

VERSÍCULO CLAVE

—¿Qué quieres que haga? —replicó el rey.

Encomendándome al Dios del cielo, le respondí: —Si a Su Majestad le parece bien, y si este siervo suyo es digno de su favor, le ruego que me envíe a Judá para reedificar la ciudad donde están los sepulcros de mis padres.

Nehemías 2.4, 5

VIDEO DE ENSEÑANZA

Puedes ver un video de enseñanza de diez minutos con Tom sobre las verdades de esta semana en YouTube.com/TomHolladay.

PREGUNTAS DE DESCUBRIMIENTO

1. ¿Hay algún punto en el que ya hayas adoptado –o que aún tengas que adoptar– una postura para lo que quiere reconstruir Dios?
2. ¿Hay algo que puedas hacer con el fin de prepararte para lo que estás soñando que Dios hará?
3. ¿Hay formas en las que has visto a Dios trabajar para calmar tus miedos cuando has enfrentado un riesgo de fe?
4. ¿Es fácil o difícil para ti pedir ayuda?

VIVIR CON UN PROPÓSITO

Los cinco propósitos de Dios para cada uno de nosotros son la evangelización, el discipulado, el compañerismo, el ministerio y la adoración. En esta sección, veremos cómo podemos dar pasos prácticos para cumplir uno de esos propósitos basados en las verdades que hemos visto en este estudio.

EL COMPAÑERISMO

¿Quién puede estar contigo mientras reconstruyes? ¿A quién necesitas pedirle ayuda?

Comienza con ese grupo y pídele que ore específicamente por ti. Para ver cómo trabaja Dios durante estas siete semanas de reunión, emprende una solicitud de oración en grupo.

ORAR JUNTOS

Ora por las peticiones que compartiste hace un momento, así como por otras necesidades que puedan tener los miembros de tu grupo.

AGRADECE A LOS DEMÁS

PONTE AL DÍA/MIRA HACIA ADELANTE

1. ¿Has visto alguna respuesta a la oración esta semana?
2. ¿Quién es una de las personas más agradecidas que conoces?

VERSÍCULO CLAVE

¿Cómo podemos agradecer bastante a nuestro Dios por ustedes y por toda la alegría que nos han proporcionado delante de él?

1 Tesalonicenses 3.9

VIDEO DE ENSEÑANZA

Puedes ver un video de enseñanza de diez minutos con Tom sobre las verdades de esta semana en YouTube.com/TomHolladay.

PREGUNTAS DE DESCUBRIMIENTO

1. ¿Con qué persona estás agradecido?
2. ¿Por cuál circunstancia estás agradecido?
3. ¿Cómo está trabajando Dios para hacer crecer tu fe y tu carácter de maneras en las que estás agradecido?
4. ¿Qué crees que te ayudaría a ser más agradecido y a expresar mejor el agradecimiento a los demás?

VIVIR CON UN PROPÓSITO

Los cinco propósitos de Dios para cada uno de nosotros son la evangelización, el discipulado, el compañerismo, el ministerio y la adoración. En esta sección, veremos cómo podemos dar pasos prácticos para cumplir uno de esos propósitos basados en las verdades que hemos visto en este estudio.

EL MINISTERIO

Escribe una nota de agradecimiento y de ánimo a alguien cada día de esta semana.

ORAR JUNTOS

Eleven juntos oraciones de acción de gracias a Dios mientras terminan su discusión de grupo.

ESPERA Y RECHAZA LA OPOSICIÓN

PONTE AL DÍA/MIRA HACIA ADELANTE

1. Habla sobre tus experiencias de escribir una nota de agradecimiento a alguien cada día (o incluso un solo día) esta última semana.

2. Cuando enfrentas oposición, ¿tu primera reacción es querer involucrarte, o querer escapar?

VERSÍCULO CLAVE

Por lo tanto, pónganse toda la armadura de Dios, para que cuando llegue el día malo puedan resistir hasta el fin con firmeza.

Efesios 6.13

VIDEO DE ENSEÑANZA

Puedes ver un video de enseñanza de diez minutos con Tom sobre las verdades de esta semana en YouTube.com/TomHolladay.

PREGUNTAS DE DESCUBRIMIENTO

1. ¿Qué te ayuda a redirigir tus pensamientos tras conversaciones negativas o chismes?
2. ¿Hay alguna nueva estrategia que necesites considerar para reposicionar tus fuerzas cuando enfrentes algún tipo de ataque a tu fe, familia o negocio?
3. ¿Hay algún campo de desánimo que estés enfrentando y en el que el grupo pueda orar por ti?
4. Cuando te enfrentas a la distracción, ¿qué te ayuda a recuperar tu concentración?

VIVIR CON UN PROPÓSITO

Los cinco propósitos de Dios para cada uno de nosotros son la evangelización, el discipulado, el compañerismo, el ministerio y la adoración. En esta sección, veremos cómo podemos dar pasos prácticos para cumplir uno de esos propósitos basados en las verdades que hemos visto en este estudio.

EL DISCIPULADO

Memorizar las Escrituras ha demostrado ser una de las claves de la victoria en la vida de muchos creyentes. Memoriza el versículo clave para esta semana, o uno de estos versículos que abordan las cuatro estrategias para ganar la batalla.

Cuando te ridiculicen

Por lo tanto, ya no hay ninguna condenación para los que están unidos a Cristo Jesús.

Romanos 8.1

CUANDO TE ATAQUEN

Nos vemos atribulados en todo, pero no abatidos; perplejos, pero no desesperados; perseguidos, pero no abandonados; derribados, pero no destruidos.

2 Corintios 4.8, 9

CUANDO TE DESANIMES

Humíllense, pues, bajo la poderosa mano de Dios, para que él los exalte a su debido tiempo. Depositen en él toda ansiedad, porque él cuida de ustedes.

1 Pedro 5.6, 7

CUANDO TE DISTRAIGAS

Sigo avanzando hacia la meta para ganar el premio que Dios ofrece mediante su llamamiento celestial en Cristo Jesús.

Filipenses 3.14

ORAR JUNTOS

Comparte y ora por las necesidades del otro cuando termines tu reunión de grupo.

CONSTRUYE A PARTIR DE TUS ÉXITOS

PONTE AL DÍA/MIRA HACIA DELANTE

1. Pregunta si alguien obtuvo una victoria tras la oposición que enfrentamos inevitablemente cuando recomponemos las cosas.
2. ¿Por cuáles éxitos que te haya concedido Dios estás más agradecido?

VERSÍCULO CLAVE

La muralla se terminó el día veinticinco del mes de *elul*. Su reconstrucción había durado cincuenta y dos días. Cuando todos nuestros enemigos se enteraron de esto, las naciones vecinas se sintieron humilladas, pues reconocieron que ese trabajo se había hecho con la ayuda de nuestro Dios.

Nehemías 6.15, 16

VIDEO DE ENSEÑANZA

Puedes ver un video de enseñanza de diez minutos con Tom sobre las verdades de esta semana en YouTube.com/TomHolladay.

PREGUNTAS DE DESCUBRIMIENTO

1. Al leer este capítulo, ¿te vino algo a la mente que podrías hacer para asegurar la inversión que has dedicado a la reconstrucción?

2. ¿Quiénes son las personas en tu red de apoyo?

3. ¿Hay algo que necesites dejar ir para hacer todo lo que Dios te está pidiendo que hagas?

4. ¿Qué esperanzas tienes de que Dios bendiga a otros a través de lo que ha reconstruido en tu vida?

VIVIR CON UN PROPÓSITO

Los cinco propósitos de Dios para cada uno de nosotros son la evangelización, el discipulado, el compañerismo, el ministerio y la adoración. En esta sección, veremos cómo podemos dar pasos prácticos para cumplir uno de esos propósitos basados en las verdades que hemos visto en este estudio.

EL MINISTERIO

Nuestro mayor ministerio a los demás a menudo resulta luego de nuestras mayores dificultades. Busca maneras específicas de animar a alguien esta semana con la historia de cómo Dios estuvo contigo mientras intentabas reconstruir.

ORAR JUNTOS

Saca un momento para orar por las necesidades mutuas.

CELEBRA PARA MANTENER TU ALEGRÍA

PONTE AL DÍA/MIRA HACIA DELANTE

1. ¿Tuviste la oportunidad de animar a alguien esta semana? ¿Te dio Dios ideas nuevas para ministrar a otros que puedan crecer a partir de lo que él está restaurando en tu vida?
2. ¿Prefieres celebrar en silencio o celebrar en voz alta?

VERSÍCULO CLAVE

El gozo del SEÑOR es nuestra fortaleza.

Nehemías 8.10

VIDEO DE ENSEÑANZA

Puedes ver un video de enseñanza de diez minutos con Tom sobre las verdades de esta semana en YouTube.com/TomHolladay.

PREGUNTAS DE DESCUBRIMIENTO

1. ¿Hay alguien con quien necesites arreglar las cosas para poder profundizar tu celebración en la adoración?
2. Describe un momento en que la verdad de la Palabra de Dios haya despuntado hacia ti mientras adorabas con otros.
3. ¿Cómo has encontrado la celebración, al festejar, al compartir con los demás, o en el silencio?
4. ¿Cómo te identificas con las siguientes frases de este capítulo?

«Te encuentras dedicándote a los hábitos espirituales, tratando de ser más poderoso, cuando la verdadera intención es que te vuelvas más alegre. Sentirte poderoso no es tu fortaleza; la alegría del Señor es tu fortaleza».

VIVIR CON UN PROPÓSITO

Los cinco propósitos de Dios para cada uno de nosotros son la evangelización, el discipulado, el compañerismo, el ministerio y la adoración. En esta sección, veremos cómo podemos dar pasos prácticos para cumplir uno de esos propósitos basados en las verdades que hemos visto en este estudio.

LA EVANGELIZACIÓN

Una explosión de alegría sucede con frecuencia cuando compartimos con otra persona la buena noticia de lo que Dios está haciendo en nuestras vidas. Camina entre el grupo y haz que cada persona comparta el nombre de alguien por quien está orando para comenzar una relación con Cristo.

En la próxima semana, ora por estas personas cuyos nombres han sido compartidos: para que lleguen a la fe en el Señor Jesús.

ORAR JUNTOS

Ora por este grupo de personas que acabas de mencionar y por las necesidades mutuas.

Habla acerca de si hay otro libro que les gustaría leer juntos y discutir después de terminar este estudio la próxima semana.

DEDÍCASELO A DIOS

PONTE AL DÍA/MIRA HACIA DELANTE

¿Qué ha sido más significativo para ti en lo que hemos estudiado juntos durante estas siete semanas?

VERSÍCULO CLAVE

Por lo tanto, hermanos, tomando en cuenta la misericordia de Dios, les ruego que cada uno de ustedes, en adoración espiritual, ofrezca su cuerpo como sacrificio vivo, santo y agradable a Dios.

Romanos 12.1

VIDEO DE ENSEÑANZA

Puedes ver un video de enseñanza de diez minutos con Tom sobre las verdades de esta semana en YouTube.com/TomHolladay.

PREGUNTAS DE DESCUBRIMIENTO

1. ¿Hay maneras que hayas descubierto que contribuyan a que la alegría agradecida tome la iniciativa en tu vida?

2. ¿Cómo has visto la pureza expresada en lo que persigues?

3. ¿Cómo has experimentado personalmente la verdad de que la mayor alegría en la vida no proviene de lo que recibes, sino de lo que das?

4. ¿Cuáles son algunos campos específicos por los que te gustaría que orara el grupo mientras buscas mantener tu dedicación renovada?

VIVIR CON UN PROPÓSITO

Los cinco propósitos de Dios para cada uno de nosotros son la evangelización, el discipulado, el compañerismo, el ministerio y la adoración. En esta sección, veremos cómo podemos dar pasos prácticos para cumplir uno de esos propósitos basados en las verdades que hemos visto en este estudio.

LA ADORACIÓN

Pasa algún tiempo esta próxima semana examinando y agradeciendo a Dios por las verdades que surgen del libro de Nehemías. Dedícate a vivir estas verdades a través del poder que Dios da en Cristo.

ORAR JUNTOS

Oren por las necesidades mutuas.

Cuando terminen este estudio, hablen acerca de si hay otro libro que les gustaría leer juntos y discutir en grupo.